This is China
这就是中国 行

王 非 金淑霞 著

山东文艺出版社

前　言

今天的中国，经济繁荣，国力强盛，人民生活日益富足。任何人，不管其立场如何，价值观怎样，都不能否认这个事实。

中国在20世纪后半期及新世纪以来的发展将是一幅被史家浓墨记录且反复绘制的历史画卷。

新中国70年走到今天，来路艰难曲折，面前气象万千，要绘制好这巨幅画卷，尤其是要在极有限的篇幅内绘制好它，十分不易。因此，我们只能在丰富多彩的景象中剪取个别片段。

片段的剪取也是一件费思量的事。国家发展的状况是否值得称道，终归要看百姓的日常生活。因此，我们剪取了百姓衣食住行方面的进步以及支撑这些进步的主要建设成就。

进步只能在比较中呈现。自然地，我们用了相当篇幅展现近代旧中国的景象。

但是，起笔之处却远在近代之前，这与我们对中国历史和现实的理解有关。历史演进至近代，与之前的一两千年相比，中国绝大部分普通百姓的生产和生活方式并无实质性变化。不仅如此，较之历史上处于发展高峰期的时代，如盛唐和两宋时期，近代中国普通百姓的生活品质甚至还有下降。

世界历史在从中世纪过渡到近代的过程中，普通百姓的生活品质在某些时期较此前恶化，是许多国家经历过的。近代前期在许多欧洲国家就是如此。在中国，人口激增导致的生存资源紧缺、列强的入侵和掠夺、战乱和社会动荡、社会贫富分化加剧、自然灾害和疠疫流行等等，致使普通百姓的生活之悲惨，世所罕见。从古代到近代一路看下来，方能更好地理解新中国70年的发展变化对于普通百姓究竟意味着什么——2020年结束，中国不仅有了一个庞大的中产阶层，而且绝对贫困现象已经成为历史，此目标的达成，实乃中国千年未有之变！

用笔定格这一历史场景，是当代人的责任。

作者
2021年1月

目录

前言 …… 1

一 千年蹒跚道 一朝腾飞路 …… 1

二 从自行车王国到轿车海洋 …… 59

三 中国铁路故事 …… 105

后记 …… 169

一

千年蹒跚道 一朝腾飞路

衣、食、住、行是人的日常生活的四个主要内容，从这四个方面，人们能够获得对社会发展变化的最直接、最深切的体验。其中，较之衣、食、住，人们的出行，出行的方式、原因、规模等，蕴含着背景更为深广的社会变化和进步。

今天在中国旅行，你看到的是四通八达的高速公路、风驰电掣的高铁列车、迷宫一般的地下铁道、绵延无尽的轿车巨流、雄伟壮丽的航空大港、横江跨海的超长桥梁、穿梭水面的大小轮船；城乡之内、地区之间、出关入境，每天有数亿人在流动着，他们是上班的职员、求学的学生、购物的顾客、出差的商人、务工的农民、观光的游人……

运行中的"复兴号"中国标准CR400BF型高铁动车组。（视觉中国）

杭州瓜山立交,最美立交桥。(视觉中国)

2020年9月2日,由中车设计制造的全球首列数字轨道胶轮电车(DRT)亮相在上海举行的中国国际铁路与城市轨道交通大会。(视觉中国)

这是一个在车轮上的国家；这是一个在空中飞翔的国家；这是一个在江河湖海上浮动的国家。中国上古时代称车辆为轩辕，是为纪念4700多年前中华民族的人文始祖轩辕黄帝发明车辆的贡献；3000多年前的西周时期，中国就已经有了较为系统的路政管理；2200多年前的秦帝国时期，中国已经形成了当时遍布全国的陆上交通网络……虽然中华民族有着最悠久的修道路造舟车的历史，但是我们今天在中国看到的景象，却是近70年、特别是近40年来才发生的。今天，我们就向你讲述一下中国的普通百姓出行的故事。

西安秦始皇帝陵文物陈列厅里的秦始皇乘坐的铜马车。（视觉中国）

行路难,行路有多难?

中国西南部的四川省,简称蜀,以大熊猫自然保护区、美景美食美女闻名于世。从古代到1949年新中国成立之前,它还以另一大特征闻名,就是行路难。四川人民主要聚居于四川盆地。环顾盆地四周,北部是米仓山和大巴山,西部是龙门山、邛崃山和主峰海拔高达7556米的大雪山,南部是大凉山,东部是大娄山、武陵山和巫山,山地、高原和丘陵占全省总面积的

四川省广元市剑门关绝壁上有一条道路叫作猿猱道,羊肠小道悬挂在险峻的城墙式砾岩断崖上,其中有一段没有铁索和安全护栏的路,全长440米,最高落差达500米左右,最宽处30厘米,而最窄处仅15厘米,只容一人通过。(视觉中国)

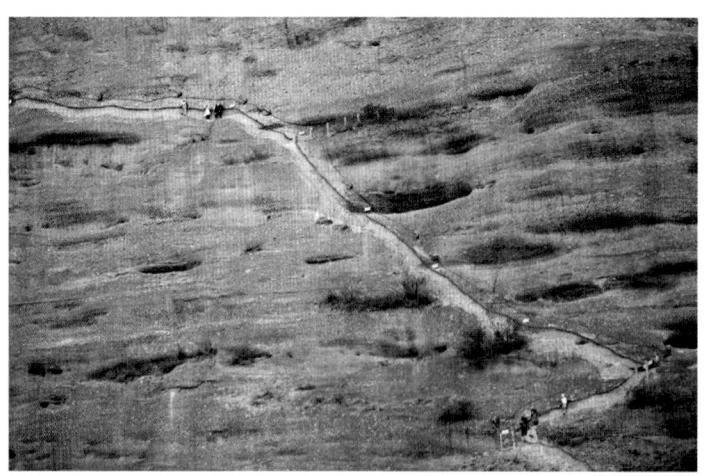

先秦古栈道——迄今为止中国开凿时间最早、形制结构最科学、遗存孔眼数量最多和保存最完好的古栈道。(中新社)

97.46%。为了打通四川与中国西北、中原政治中心的联系,古代中国人民在崇山峻岭的悬崖峭壁上凿孔架设木梁,木梁上铺设木板连成栈道,如连接陕西长安与四川洋县长420公里的子午道,沟通汉中与眉县的长470公里的褒斜道,北起陕南勉县、南至四川巴中的金牛道,北起陕西南郑、南至四川巴中长250公里的米仓道等。这些古栈道蜿蜒穿行于高山深谷,许多路段脚下即是万丈深渊,行人攀行其间如腾云驾雾,惊心动魄。1900多年前东汉史学家班固在《汉书》中记载了这样一件事：一位叫王阳的官员被任命为益州刺史，其辖地大致相当于今天四川、云南、贵州、陕西汉中及河南和湖北的小部分区域，面积有100多万平方公里。王阳巡察至大相岭九折阪时，惊骇于山路奇险，自忖在此地履职性命堪忧，遂辞官回乡。难怪唐代大诗人李白在其名篇《蜀道难》中发出惊叹：噫吁嚱，危乎高哉！蜀道之难难于上青天！抗日战争时期，侵华日军曾计划攻占民国政府的战时首都——重庆市，计划未能实施，交通的阻隔是重要的原因之一，可见蜀道之难。

在大相岭下，李白还可以发出惊叹，如果他从四川翻越横断山脉去西藏，也许会惊骇得说不出话。从古代一直到近代，在滇越铁路、滇缅公路这两大交通干道分别于1910年和1938年通车以前，云南所有的货物运输全靠人背马驮。运货人结伙而行，被称为马帮。两条交通干线开通以后，在交通干线以外的地区，骡马依然是主要的交通工具。毗邻云南的西藏，是海拔在三四千米以上的高寒山区，青稞、奶类、酥油、牛羊肉等不易消化的高脂肪食物是西藏人民的主食，且青稞使人燥热。饮茶助消化，防燥热，故千百年来西藏人民形成了喝酥油茶的习惯。四川和云南产茶，西藏不产茶，却产出内地百姓和军队都需要的骡马，于是，以茶叶和骡马为主要买卖对象的"茶马互市"和马帮便自然

四川阿坝昔日的茶马古道。(视觉中国)

而然地发展起来。西藏以及四川、云南偏远地区出产的骡马、药材、毛皮等与四川云南中心区域及内地其他省份出产的茶叶、布匹、盐等等交汇往来,马帮们在高山深谷间川流不息,形成了著名的茶马古道。

茶马古道的形成始于唐代。宋朝时设立茶马司掌管四川与陕西、甘肃间的茶马贸易。在明清两朝,四川与西藏、云南与西藏之间的茶马古道兴盛起来,分别形成了两条主线:一条始于四川雅安,到西藏拉萨,再延伸到尼泊尔、印度等国家,国

四川凉山彝族自治州木里县的马帮。（视觉中国）

内路线全长3100多公里；一条从云南普洱出发，经大理、德钦，到西藏拉萨，然后再延伸至缅甸、尼泊尔、印度等国家，国内路线长达3800多公里。

　　茶马古道是一条山高谷深、崖陡壁峭、林密瘴浓、水狂流急的路途；"禁门关""鬼招手""风斗口""乱石窟"……这些地名听上去就让人惊心动魄；两马相逢在只容一马通过的峭壁上时，赶马人只能双方协商作价，将弱马推下悬崖，为壮马让出通道；许多马匹更是累到吐血，死在路上。在山势特别险恶的地段，如海拔3437米有"鬼门关"之称的二郎山，危岩绝壁、悬石若垂，骡马无法通行，货物只能靠人背，由此衍生出一个特殊群体——背夫。他们背负百斤之重攀爬于悬崖峭壁，以脚印和汗水连接着这千年古道。

　　这也是一条被炎热酷暑、天寒地冻、暴雨、雪崩、寒风、泥石流、缺氧煎熬着的路途。千百年来，一代代马帮抛妻别子，风餐露宿，日复一日，年复一年地与严酷的环境拼命地抗争；险

1903年法国人方苏雅拍摄的从泸定背茶到康定的四川背夫。背夫往往十多人结伴而行，其中年龄大的四五十岁，小的不过十二三岁，甚至许多妇女也加入其中。在往返约需1个月的漫漫路程中，背夫们背着少则30公斤、多则150公斤重的茶叶，翻越雪山、峭壁，躲避土匪。（新华社）

峰危崖，瘟疫疾病，随时随地都能毙他们于山野，有时甚至无人收尸。入了马帮这一行，就是以生命为赌注以养家糊口。

在中国其他广阔的区域，行路不都是如此艰难。历朝历代都修筑有遍布全国的道路系统，但这些道路与普通百姓的日常生活几乎没有什么关系。那是所谓的"官道"，主要用于朝廷与各地方有关政务军事的公文传递、物资运输、军队调动、官员出行等。道路沿途设有专供官员、信使、朝贡者等的人马食宿的驿站。驿站在中央由兵部管辖，在地方由当地长官主事。自汉朝开始，大致每30里设一驿站；唐朝时在全国设驿站1639处，驿卒2万多；元代全国有驿站1496处，据《马可波罗行记》记载，全国有驿马30万匹，驿站大房有1万余所，陈设布置奢靡；到有清一代，全国驿站达1785处。依据驿马的耐力，一般规定日行300里，特别紧急的军情，可以日行400至600里不等，每驿换马，数驿换人，驿马头部系有铜铃，信使白天鸣铃，夜间举火，风雨无阻，昼夜狂奔，撞死路人可以免责。即使如此，边地有事，驿马到京也要耗时数日。唐朝天宝十四年（755年）11月9日，安禄山在河北范阳起兵叛乱，6日后急报才抵达京城西安，两地相隔不过1000多公里。

紧急军情毕竟是特殊情形。由于官道也多是土路或沙路，遇雨雪天气，到处水洼烂泥，极难行走，官员远行，虽有车马和随员侍奉，也是旷日持久，艰辛备尝。1840年鸦片战争中著名的抗英大臣林则徐受诬陷被朝廷流放，他于道光二十二年（1842年）七月初六离开西安，十一月初九到达伊犁惠远城，3300多公里的路程，他风雨兼程走了4个多月。1900年八国联军攻入北京，大清最高统治者慈禧太后和光绪皇帝以及随扈于8月15日从北京仓皇出逃，10月26日到达陕西西安，共耗时72天，这期间在河北宣化、山西大同和太原先后滞留28天，1200公里的路程，马车奔走了44天之久。

不同地区之间行路难，在城市中行路同样不易。旧中国的城市交通，看看作为首善之区的北京就足够了。

老北京的道路以土路为主，晴天时尘土飞扬，雨雪后一路泥浆，所谓"无风三尺土，有雨半街泥"。由于车辆的长期碾压，许多主干道中央都有数道很深的大车辙，经年不去。道路两边有直通护城河的排水明沟，淤塞的沟渠无法使污水排出，沟渠旁边常年垃圾成堆，大街上臭气弥漫。1868年在中国考察的德国地质学家李希霍芬，9月初从上海到北京，历时近一个月。在乘马车从通州到北京的路上，他们"开始走的是城里狭窄的用长方形石块铺就的已经被压坏的巷子，路面上不时出现深深的坑和大块儿的石头。还好我们没有骨折，不过这种危险继续存在着"。进入北京城，他看到的是，"整个北京看起来脏极了。人们几乎没有办法在街上行走。坐马车也是一件十分危险的事情,因为车夫仅仅凭借他对地形的熟悉才能躲过那些水坑和垃圾坑,这些坑大概占了街道一半的面积"。

1917年,北京遂安伯胡同雨后泥泞满地。这是当时北京胡同的缩影。(西德尼·甘博)

  1900年以后,清政府开始在北京为部分路面铺设碎石。直到民国成立后的1915年,北京的使馆区出现了第一条柏油路;到1949年新中国成立的30多年间,北京城区只有前门大街、东交民巷等十几条低级柏油路,绝大多数街道和所有的胡同仍然是土路。

  清末民初,交通工具开始发生变化。明清时期,靠骡、马、驴等拖拽的畜力车是北京人出行的主要工具。1874年,被称为"洋车"的日本人力车被引入中国。人力车的基本构造是轿厢下安装两个轮子,向前伸出两个车把,乘客坐轿厢,车夫双手拉车把奔跑。清朝末年,汽车传入北京,乘坐者只是极少数外国人、

19世纪70年代北京骡马市大街被大车轧出两溜儿深深的车辙。（托马斯·查尔德）

朝廷显贵和从事涉外事务的衙门官员。民国以后，北京街头的汽车数逐渐增多，乘坐者也只限少数政府高官和一些买办富商。到1919年底，北京市各类汽车达645辆。黄土路上，每当汽车驶过，路人都要急忙掩鼻遮面，躲避扬尘。

北京市的公共汽车服务始于1924年，当年12月17日，在前门举行了有轨电车通车典礼，当时有5条运营线路，总长30多公里；1943年全城有轨电车达到新中国成立前的最大规模，有7条营运线路，总长也只有43公里。需求的增长，也催生了北京汽车出租业。到抗日战争爆发前，北京出租车行有70余家，一共有车近300辆，每家车行不过3~5辆车。

虽然已经有了机电交通工具，但数量少，运营区域小，人们出行主要还是借助人力车。1917年北京共有人力车20274辆；1924年36500辆；1934年有人力车54393辆，有人力车夫108786人。北京人力车发展最高峰时，总数达十多万辆。

提起人力车夫，人们大都会想到著名作家老舍先生的名著《骆驼祥子》里的主人公。破产的青年农民祥子，勤劳、纯朴、善良，到北京做人力车夫，指望以卖苦力换得一辆属于自己的车，做一个体面的劳动者。他用三年时间省吃俭用买了一辆车，但刚拉半年，车就被军阀混战中的逃兵抢走。遭抢的祥子靠租来的车继续苦干，拼命地拉车攒钱。还没有等他再买上车，所有的积蓄又被警探敲诈一空。靠入赘做了车行老板女婿的祥子再次有了自己的车，但妻子不幸死于难产，他为筹集丧事费用只好将车卖掉，他的人生理想至此彻底破灭。

祥子是个文学形象，他破灭的还只是生活理想，现实中的祥子们可能更加悲惨。为了养家糊口，他们当牛做马，早晚奔波，一天不跑便没饭吃。大学者胡适这样描述他在哈尔滨街头的感受："眼看那些圆颅方趾的同胞努起筋肉，弯着背脊梁，留着血汗，替我们做牛马，拖我们行远登高，为的是要挣几十个铜子去活命养家。"民国时期的著名将领冯玉祥曾主政河南，出身贫寒的他非常体恤穷苦人。他在开封考察民情，看到瘦得皮包骨的人力车夫像牛马一样地奔跑，心生怜悯，遂禁止所有军政公教人员及学生乘坐人力车。可他的恻隐之心却断了贫民的生计。他不知道，车夫们都像是白居易笔下"心忧炭贱愿天寒"的卖炭翁。后来听闻到车夫的骂声，冯玉祥将军立刻废止了禁令。

车夫们为了挣几个钱养家糊口，出着牛马一样的苦力，还要受车主盘剥，经常遭到警察的打骂和敲诈勒索。更有一些体弱生病者难以支撑，暴毙街头。在侵华日军占领下的北京，曾有一个人力车夫因为饥饿而体力不支，倒毙在长安街六部口；有位绰号"伊犁马"的车夫，跑得又快又稳，有一次跑远道跑得太快，累得吐血而死。

"祥子们"的遭遇诉说的是，普通百姓出行难，难在路况和交通工具的原始，更难在社会的路不平。

在近代之前的农耕社会，普通农民本来就很少出远门，所谓"安土重迁，黎民之性；骨肉相附，人情所愿也"。农民安土重迁，而实行重农抑商政策的历朝统治者为了便于收税和治安管理，实行里甲制或保甲制，对农民离乡外出施加严格限制。甲、里、保，分别表示居民组织的规模。如在明朝，10户为一甲，110户为一里，法律规定"农业者不出一里之间，朝出暮入，作息之道相互知"。如果远离住所百里之外，需由当地官府发给一种类

20世纪30年代，中国街头拉客的人力车穿过牌楼。（视觉中国）

民国时期,上海河南路为当时的英国租界区,街道上黄包车载着客人穿梭来往。(视觉中国)

雨中奔跑在香港街头的黄包车夫。（视觉中国）

似通行证的公文作为离乡证明，叫作"路引"，若无"路引"或偏离限定行程，要被治罪。清代实行保甲制，十户为一牌，百户为一甲，千户为一保，强制民众相互监视，相互担保，一家犯事，九家举报，若有隐匿，十家连带治罪。民国时期，虽然法律规定了迁徙自由和基层居民自治，但民国政府在实际行政中依然实行保甲制。这些施政措施，极大限制了普通民众的出行自由。

即使没有官府设限，土匪横行的治安环境也让普通民众怯于出远门。中国著名作家、诺贝尔奖得主莫言的作品中有不少土匪的故事，许多是他的家乡山东高密一带在旧中国的真实历史。他的小说《红高粱家族》中的县长曹梦九，历史上确有其人。行伍出身的曹梦九曾主政山东省曲阜、平原两县，1935年至1937年间任高密县长。为遏制匪患，曹梦九出联合抗匪之策，通令各村在最高处竖起挂有警钟和灯笼的高杆，村民日夜轮流警戒，发现匪情立刻敲钟或亮灯报警，邻村闻讯立即增援。为剿灭土匪，曹梦九出手凶狠，他曾以省政府在高密招募特别勤务为名，许以优厚待遇对土匪进行招安，谎称有命案在身者也既往不咎。两个多月招到100多人，甄别后剩下80多人。一众土匪在运送省会济南途中被诱进一高墙大院，用机枪射杀，仅三人越墙逃脱。

  山东高密的匪患，是旧中国社会治安的一个缩影。大致自宋朝以来，中国有一段延续千年的奇特历史，即匪盗成灾的历史。著有《徐霞客游记》的明代大旅行家徐霞客在游历考察过程中，曾三次遭遇土匪，其中一次在湖南衡阳湘江舟中夜遇江匪抢掠，"群盗喊杀入舟，火炬刀剑交丛而下"，同伴受伤，行李、旅费悉被劫掠，他险些丧命，赤身跳入江中逃脱。在清代的白话小说里，诸如王韬的《淞滨琐话》里"时土匪未靖，行旅戒途"的描述、李宝嘉的《官场现形记》中"小人们遭了土匪，一家家家破人亡，那里还有钱孝敬统领大人！求大老爷开恩"的对话，为我们留下了那个时代的影像。清末治边重臣岑春煊在20

世纪初出任两广总督时,以剿匪手段残酷著称,据传他曾刀剖悍匪胸腹当众用碗饮其血,土匪闻之惊骇不已。残酷的手段或使匪患暂时在局部有所缓解,但在全国却是越剿越多,及至民国时期,土匪的猖獗达到了顶峰。

民国时期,涂炭生灵的人祸与触目惊心的天灾相叠加,造成了大量的难民流民、散兵游勇,培植起滋生土匪的深厚土壤。

民国时期的中国农村经济凋敝,社会分化加剧,占农村户数不到5%的地主占有大部分土地,有的省份如绥远,90%的土地集中在地主手中;中国南方一些省份,60%~80%的土地为少数地主占有。同时,大部分农民只占有少量土地,在华中和华南的一些地区,50%以上的农民无立锥之地;在东北,有的区域无地农户占到75%以上。大量农民因严重的经济剥削和政府的苛捐杂税而破产失业,走投无路之下,只好铤而走险,落草为寇。

从1911年到1937年抗日战争全面爆发之前,是一个军阀混战的时期,全国领土被十几个大军阀派系瓜分,大军阀割据的区域内小派系林立。短短20多年间,规模较大的军阀战争达66次之多,其中包括3次全国规模的大战。小规模战事多如牛毛。1912年到1933年间,仅四川一地就发生大小军阀混战470多次,每年20多次。战端一开,必有胜负,必有溃兵,溃散军人生活无着,极易携枪落草。从1911年至1922年间,全国还发生过170多次兵变，哗变的士兵大多投奔土匪。长年战乱，许多地区的村民也趁乱为匪，白天耕作，夜间为匪。

人祸之外，加上天灾，使得匪患更加严重。一部民国史不啻一部天灾死亡录。自民国初年至1937年，25年间共发生大水灾24次、大旱14次、蝗灾9次，加上风灾、雹灾、霜灾等，计有77次大范围自然灾害。1915年夏，珠江流域洪灾，仅珠江三角洲18个县受灾人口就达378万余人；1917年晋冀鲁水灾，灾民635万人，死者无算；1920年华北大旱，340个县受灾，死亡50多万人，3000万灾民流离失所；1921年山东、山西、河南三省计148县受水灾，灾民达千万；1922年苏、浙、皖大水，三省灾民达1200万，川、黔、滇、湘、赣五省旱灾，仅四川就饿死30万人；1923年水旱遍及12省，因灾死亡人数在10万以上；1925年8月，黄河大堤在黄花寺附近决口，淹没2000平方公里，灾民200多万人；1928年到1930年，华北、西北大旱，致使1000多万人死亡；1931年，华东、华中八省290个县水灾，灾民达1亿人，直接死亡超过14万人，灾后因饥饿、瘟疫而死亡的人数达300万人；1932年全国10多个省份或旱或涝，灾民达数千万人；1933年8月黄河决口，364多万人受灾；1934年，华中、华北、西北、华东11省水灾，淹田地3.5亿亩，饥荒饿死600万人；1935年长江大洪水，14.2万人因灾死亡，黄河于

清末北京新发园粥厂内等待发放食物的灾民。（视觉中国）

山东菏泽临濮集决口，鲁西13县、苏北10县被淹，灾民至少有340万人；从1936年夏到1937年春，四川大旱，全省130多个县的灾民达3500万人。

经济凋敝，政治腐败，国家四分五裂，治理彻底失效，社会完全失序，灾民得不到任何救助，凡有天灾便饿殍盈野，灾民遍地，于是，报纸上便充斥着"灾民流而为匪，成群结队，四出抢劫"，"为冻馁所迫之饥民，加入匪群中，日甚一日"，"乡村之民，泰半无田地，此辈赤足之徒，因无恒产，莫不跃跃然欲为盗"的报道。据一项严肃的学术研究估算，民国时期土匪数量高达2000万，仅在苏、鲁、豫、皖边界一带就活跃着土匪数十股，约30万人，以至于三里一匪五里一盗，有的地方整村都是土匪；在一些地区，甚至形成了以当土匪为荣的风气，造成了土匪如蝗灾的奇观。各路土匪拦路抢劫，打家劫舍。他们不仅抢劫富户和客商，而且发展到对小菜贩和城市贫民进行抢劫的地步，勒索的金额可以是百余元、十余元，甚至一小筐鸡蛋即可赎人。

除了遍地土匪，在全国的不同区域形成了数个著名的土匪群体：活跃于东北地区的被称为红胡子的马贼；活跃于华北平原和山东一带的响马；肆虐湘西数百年的山匪；游荡于鲁、豫、苏、皖四省接壤地带的边匪；横行于闽、粤沿海的海盗；猖獗于太湖、巢湖、洪泽湖、微山湖、洞庭湖等内河湖泊港汊的湖匪，等等。

民国时期的东北，遍地匪患，乡村山野及半数以上的县城有土匪盘踞，多则几千人，少则百人，几十人、十几人的小股匪更是遍地泛滥。20世纪40年代末，土匪人数最多时有近30万人，而当时东北全境人口不过4100万人。

民国时期的湖南土匪曾达18万之众，湘西占到10万人。湘西20余县，每个县都有一两个大土匪占山为王。他们在交通线上袭击旅客，抢劫财物。湘西晃县的大土匪姚大榜，世代以抢劫为生，到他这辈已为匪24代。姚大榜从10多岁起就跟着父亲叔伯四出劫掠，为匪60多年，1950年被人民政府在剿匪中击毙。

20世纪30年代的豫西20余县几无一片净土。在宝丰、舞阳两县就有土匪30股；南阳一地有著名大杆匪32股，1万余人，三五十人的小股土匪不计其数；在邓县，大杆土匪夜间将被绑架者捆绑以防止逃跑，白天以绳索串联捆绑，随队伍流动，交上赎金者被释放，不断有新的被绑者加入，被绑的随队肉票常有五六百人，状如串绑牲口，惨不忍睹。

20世纪20年代，山东有土匪47股，到1930年，土匪数量竟达百万。在距离莫言的家乡高密不远的潍坊，就有一伙令百姓恐惧的土匪。1930年，29岁的秦冠三成为土匪首领，到1940年，他的队伍扩张到3000多人。秦匪在青州、昌乐、寿光、潍坊一带拦路抢劫,绑票勒索,无比凶残。他绑架人质后,只要没有按他指定的时间收到赎金,立刻撕票,家属想要回尸体埋葬,还得交赎金。

山东土匪制造过震惊中外的列车大劫案。1923年5月6日,以孙美瑶为首的匪帮在河北临城拆掉数十米铁路道钉,导致列车倾覆,匪徒洗劫列车,并将100多名中国旅客和来自英、美、法、意等国的20多名外国旅客绑架至峄县抱犊崮的匪寨。迫于国际压力,北洋政府不得不与匪徒谈判,这期间还发生了政府高官自愿上山交换人质的情节。经过一个多月的艰苦谈判,旅客获释,土匪队伍被招安,改编为享受政府军饷的"山东新编旅",孙美瑶任旅长。临城劫案使各股土匪看到了绑"洋票"的甜头,纷纷效仿,各地连续发生数起绑架洋人勒赎案。

山东最有名的土匪是恶贯满盈的刘黑七。刘黑七本名刘桂堂,山东费县人,1915年与当地几个痞子结伙成匪,至1928年发展到上万人,成了鲁南地区最大的土匪。同其他土匪一样,绑票索赎是每日的勾当,只不过刘匪更加凶残,不按他规定的日期缴纳赎金,即给被绑者家人送去一只耳朵或眼珠,再逾期则撕票。撕票手段有刀刺、刀铡、零刀削、活埋、剖腹、挖心等,极为凶残。刘匪还多次制造屠村大血案。1927年2月10日,刘匪的队伍到山东平邑县南孝义村勒索钱粮，已经靠逃荒要饭度日的村民拒绝了土匪的要求，刘黑七匪帮遂将南孝义村包围，见人就杀，见房就烧。南孝义村原本有735人，346人被杀。大屠杀之后，物品全部抢光，全村付之一炬。1928年3月29日，刘匪到费县大泗彦村索要钱粮遭到村民抵抗，全村92户共637口人，被杀559人，48户被杀绝，另有外村来此避匪祸者388人被杀，此次屠村共杀死947人。有统计说，刘黑七一生残杀的百姓多达万人。1943年刘黑七在费县被共产党领导的八路军击毙，结束了罪恶的一生。

遍地土匪的治安环境，客旅行路随时可能遭抢，衍生出一个专为行路保安的行业——镖局。镖局的主营生意就是保护他人的人身、财产和货物安全，以此收取报酬。

作为一个行业，镖局产生于清朝初年，起源于金融业比较发达的山西省，逐渐遍布全国各重要商埠。从业者都是武林中人，他们或是自由结伙，或是武术世家子弟，或是解甲的军人。到了清末，镖行发展到顶峰，全国镖局不计其数，仅北京就有兴隆、永兴、正兴、天兴、西光裕、东光裕、福源、会友等号称八大镖局，其中规模最大、名声最响的当属会友镖局，生意最红火时有成员达千人。

镖局做生意叫作走镖。镖局的生意通常以路程远近、风险大小、路途难易、标的价值等确定收费数额。因路途风险未卜，镖师每次走镖之前要把家中一切安排妥当，做好一旦出事就回不了家的准备。载有被保护人及货物的车辆叫作镖车。走镖时，伙计们喊着镖局的名称即"镖号"一路行进。镖车上插着署有镖师头领姓名的三角旗，劫镖的土匪一看就知道是谁保的镖。镖师大多是江湖上有名的武林高手，听到镖号看到镖旗，土匪们便不敢轻易下手。

民国时期，匪患之烈远胜前清，但镖局行业却衰落了。土匪队伍的庞大，近代枪械的普及，使得靠传统武功和冷兵器的镖局完全无力保证被保护者的人身和财产安全；火车、汽车、轮船的开通，也使得镖局的生意逐渐惨淡。以有着近百年历史的北京会友镖局1921年关闭为标志，这个行业宣告终结。此后二三十年间尚有个别镖局在苟延，但已经不是靠走镖维持生计，而是转向为达官富人看家护院。

旧中国，行路难。但是，行路再难，为生活所迫走投无路的人们还是不得已铤而走险踏上旅途。天灾频发、兵荒马乱、人口与资源的严重失衡等，使得千百万民众走上了"走西口""下南洋""赴金山""闯关东"的移民之路，每条路上都是满满的艰辛和血泪。

"走西口"是中国人民悲壮的移民史的一章。明长城以北的内蒙古西部地区，地广人稀，土地肥沃。河北张家口以西的长城上设有很多关口，统称西口。从清朝初年至新中国成立前的近300年间，晋陕冀等省成千上万的流民向北越过长城到口外谋生。走西口的人们大多一条扁担，挑着简单的行李、食物和饮用水。他们从陕西的神木、府谷，山西的河曲、保德等地走到口外，穿过毛乌素沙漠，跨高原，过黄河，迁徙路上经常受到土匪、大风雪、沙尘暴的威胁。仅山西一省就有上百万人走西口，无数人倒在路上，后续的人们经常能看到沙包上和蒿草中的累累白骨。

近代中国东南沿海一带的居民迁徙东南亚的"下南洋"之路，同样是血泪斑斑。17世纪以来西方国家殖民东南亚，需要大量劳工，被天灾人祸摧残的东南沿海人民开始到东南亚国家找生路。从鸦片战争到20世纪初，出现了以苦力贸易为特征的"下南洋"浪潮。晚清时期，西方洋行在东南沿海以契约形式招募华工，俗称"卖猪仔"。到1912年民国政府颁布禁止贩运"猪仔"与保护华侨的法令，已有200多万苦力像奴隶一样被贩卖到东南亚。从20世纪初到新中国成立的半个世纪里，又有500万人出走南洋。海路漫长海况凶险，帆船随时有倾覆的危险。"猪仔"们蜷缩在设备简陋、空气污浊、没有卫生设施的狭小船舱里，还常常遭到水手和"猪仔头"的虐待，生病得不到医治，很多华工死在船上，尸体被直接丢进大海。

"赴金山"是19世纪中叶兴起的另一股海外移民潮,目的地是美国加利福尼亚的旧金山。最初的移民许多是被诱骗去的。1848年此地发现金矿,急需淘金工人,从上海到旧金山的远洋商船常常诱骗一些华人上船做工,到旧金山后却将他们卖掉。天长日久,上海这个地名在美国英语的口语中竟然具有了"诱骗"的含义。

　　1848年以后的30多年间,有30多万华工进入美国从事淘金、修筑铁路等白人不愿意做的艰苦工作。特别是横贯美国全

1883年,修建加拿大太平洋铁路的华工。

1869年5月10日，美国第一条横贯大陆的太平洋铁路竣工。人们在两列火车头上砸碎了香槟酒瓶，以庆祝这条线路全线贯通，但作为筑路主力的华工，无一人受邀参加通车典礼。（视觉中国）

长3000多公里太平洋铁路的修建，14000多名华工承担了五分之四以上的工程。华工们冒着严寒酷暑，在崇山峻岭、沙漠盐湖中苦干，频发的事故经常造成人员伤亡。在100英里的塞拉山脉施工地段，华工死亡率达10%以上，一次雪崩就可以导致数百上千人死亡，"每根枕木下面都有一具华工的尸骨"。华工们从1863年开始仅用7年时间就完成了计划中14年的工程，但在通车典礼上，没有一个华工受邀参加，因为他们只是"猪仔"，与奴隶无异，这一身份是他们在来的路上就注定了的。

华工前往旧金山的旅程如同走过地狱。船主为了暴利不顾华工死活，每每严重超载。连续三个多月的航程，华工们挤在货舱里，每人只有一尺的空间，像货物一样堆在一起，空气不足，难见阳光，缺少食物和饮用水，许多人因疾病、饥渴、窒息以及船难而死。1854年7月，"都巴士号"轮船触礁，80多人死亡；同年10月，"里伯达号"因超载拥挤，途中90多人染病死亡，到达旧金山后又有9人死亡；载有450名华工的"蒙塔古女士号"，300人中途病死；载有380人的"天佑号"，死亡人数高达338人；1855年，"西鸭士号"在海上飘荡210天，多人死亡。仅在1850年以后的十年间，就有数十艘运载华工的轮船因超载而引发灾难，华工死亡率高达30%～50%。更有甚者，有时过度超载难以航行，船主会把部分华工骗上岸中途遗弃。

以万里长城东端的山海关为界，中国东北地区被称为关东。到清朝中期，土地肥沃、资源丰富的东北地区人口还很稀少。从19世纪末到新中国成立的半个多世纪里，成千上万被战乱和饥饿摧残的山东、河北、山西等地的贫苦农民，跨过山海关，涌向东北找生路，是谓"闯关东"。1893年时东北三省总人口约为600万，1910年达到1977.7万，仅十几年时间，人口剧增两倍多；新中国成立前夕达4100万人，半个多世纪人口增长近7倍。这是人类历史上少见的人口大迁徙。上海一家英文报纸《华北通报》的记者在山海关所在地永平府的路上观察过闯关东的人流："30分钟之内走过了270人，又20分钟内走过了218人。这两个数目是在不同的两天分别数的，可以作为每天行旅人数的一个合理的平均数。"

数千里的路程，破衣烂衫的人们或挑担，或推车，拖家带口，风餐露宿，大半年奔波在路上，境况极为凄惨。日本人小越平隆1902年出版的《满洲旅行记》描述了他在今天沈阳以东的地区看到的山东移民艰难跋涉的景象："由奉天入兴京，道上见一山东车，妇女拥坐其上，其小儿啼号，侧卧辗转，弟挽于前，兄推于后，老媪倚杖，少女相扶，跄跄踉踉，不可名状。有骂丈夫之少妇，有呼子女之老妪，逐对连群，惨声撼野。有行于通化者，有行于怀仁者，有行于海龙城者，有行于朝阳镇者，肩背相

闯关东路上的饥民。

一名倒在路上的闯关东者。

望也。"许多身无分文的人一路或乞讨，或做工，时日更久，由于冻饿疾病而死在路上的人不计其数。

那一切都是过去的事了。今天，在中国，怀揣着对生活的美好期待的人们，乘坐着越来越快捷、越来越舒适的列车南来北往；人们乘坐着宽大的客机飞往世界各地，出差、留学、旅游、经商。在世界的任何地方，他们都是被平等对待的、受人尊敬的客人。

那一切都是过去的事了。今天，每个在中国旅行的人，不论走到哪里，都不会听到什么有关土匪的故事。今天的中国属于国际公认的全球最安全的国家之列。2017年全球安全综合排名，在近200个国家中，中国排名第14；全球近200个国家中，每10万人的命案发生率，中国与瑞士、挪威、日本、奥地利、冰岛、新加坡、捷克等国家排在全球最低的前八位。

那一切都是过去的事了。今天，中国是一个统一的、社会安定的国家，兵荒马乱已成遥远的记忆。今天的中国军队，是一支统一的武装力量，它不仅维护着国家的统一与安全，而且每当人民处于危难时刻，总是能看到军人的身影：每个中国人都不会忘记，1998年的长江大洪水、2008年的汶川大地震，中国军人以自己的身躯筑起了抗击灾难的长城，解万民于倒悬。

那一切都是过去的事了。今天，中国依然是一个重大自

上海浦东国际机场。(视觉中国)

北京首都国际机场。(视觉中国)

然灾害频发的国家。然而一旦有灾,国家有着雄厚的物质基础和健全的救灾体系,军队、武警、公安、消防、医疗、企业和社会各界以及广大的志愿者大军迅速向灾区挺进。不管灾情多么严重,不再有流离失所的难民了,每个受灾的人都可以有饭吃,有衣穿,有干净水喝,有住所,有医疗救护,孩子们有教室上课。

1998年7月下旬至9月中旬,长江发生全流域特大洪水,江西、湖南、湖北等数个沿江省份人民的生命和财产受到严重威胁,中国军队派出了近18万人的兵力参加抢险。图为解放军战士在长江大抗洪中保护九江大堤。(视觉中国)

1998年8月8日晚,江西省九江市的官兵们正在将装满沙、煤炭、大米和大豆的袋子堆到水中构筑防洪墙。(视觉中国)

1998年8月9日,九江决口第三天,救灾的战士们躺在铁皮船上短暂休息。(视觉中国)

1998年9月20日,在江西省九江市火车站,原南京军区副司令员、驻九江抗洪前线总指挥董万瑞中将,望着他麾下苦战了两个月后动身归营的官兵,满眼泪水。(视觉中国)

1998年8月15日清晨,首批6000多名人民子弟兵胜利完成抗洪救灾任务,撤离江西九江,闻讯而来的25万九江市民,挥洒着热泪,送亲人踏上归途。在凯旋门"送亲人鱼水深情难舍难分"的对联下,不少市民用双手握着子弟兵的手不愿松开/(视觉中国)

2008年5月12日,四川省汶川发生里氏8.0级强烈地震,周边数省的237个县市受灾,其中有10万平方公里内的10个县市遭到极其严重的破坏。图为汶川大地震后的北川老县城。

地震的严重破坏区位于茶坪山脉、邛崃山脉的大山深处。强烈地震导致山体垮塌阻断道路，通信设施俱遭摧毁，重灾区与外界的交通和通信完全中断。为尽快了解震中区域灾情，打通与外界的联系，以展开救援工作，2008年5月14日，空军空降兵特种大队派出李振波大校率领的14位勇士空降灾区中心。在高原复杂地域，在无地面指挥引导、无地面标识、无气象资料的条件下，15位勇士留下遗书，纵身跃出机舱，跳入浓云遮蔽的山区。（人民视觉）

四川北川，3岁儿童郎铮从地震的废墟中被营救出来。小男孩向救他的解放军叔叔敬礼表示感谢。（视觉中国）

2008年5月13日,原成都军区空军抗震救灾官兵急赴成都重灾区彭州龙门山镇实施紧急搜救,官兵在大雨中用身体搭建人梯,转移伤员。(人民视觉)

那一切都是过去的事了。今天，马帮的背影已在历史的天幕下消失。中华人民共和国成立后，马帮一直存在到1999年，这期间，主要的马帮是云南贡山县的"国家马帮"，其主要职能是为一个少数民族——独龙族运送补给。独龙族世代居住在滇西北异常偏僻的独龙江大峡谷，长达半年的大雪封山，使交通完全断绝。在可以通行的季节，运送生产和生活物资的任务就落在"国家马帮"的背上。20世纪90年代，中国政府决心在世纪末之前结束最后一个少数民族聚居地不通公路的历史。工程于1995年4月开工，4000多名修路大军蹚沼泽，穿雪山，战塌方，抗风雨，经过4年日夜苦战，全长96公里，总投资近亿元的独龙江公路于1999年9月竣工。当年底，贡山县国营马帮解散，所剩150匹骡马全部拍卖，员工转行。

马帮历史上唯一的女性头领、藏族妇女嘎达娜转行做了导游。但在6年后，已经47岁的她又做了一次马帮首领。2005年5月1日，嘎达娜率领一支由120匹马、来自11个民族的43人组成的临时马帮，驮上茶叶从云南普洱县城出发了，目的地——北京。他们翻哀牢，越乌蒙，跨秦岭，绕太行，渡长江，过黄河，途经6个省市，历时168天，全程4100多公里，10月14日，历尽千辛万苦的他们终于到达北京。嘎达娜的先祖们上一次驮茶进京还是166年以前，是在鸦片战争爆发前的大清道光年间。但

2005年5月，嘎达娜率领的"义卖马帮"行进在云南滇池边。（新华社）

是,这一次,他们不是为了生计;他们此行的目的是为途经地区资助教育的希望工程募捐!为了这一行程,他们的一个伙伴杨自祥遇车祸牺牲在路上,还折了四匹马。他们沿途举行义卖活动,每到一地都像明星一样受到追捧。到达北京的他们像英雄凯旋,被特别批准从贵宾通道进入天安门广场观看国旗升旗仪式。当嘎达娜在路上艰难跋涉时,她的大儿媳快要分娩了,未曾进过学堂的她期望着即将出生的小孙子以及更多的孩子能够受到好的教育,走上一条与她和她的祖先们完全不同的生活道路。

今天,蜀道之难只留迹于古代诗篇里,定格在泛黄照片上,现身在百年前的纪录片中。那些凝固在悬崖上的古栈道,只是游客凭吊怀古的去处。今天的四川已有6680多公里铁路连通中国各地,其中有720公里高速铁路,昔日那条吓得王阳辞官回乡的蜀道,今天从西安到成都只需4个多小时,你可以"上午西安羊肉泡,下午成都麻辣烫"。

今天的四川由7238公里高速公路、4.1万公里普通干线公路、28万公里农村公路构成的四通八达的公路网络连通着外界,每日在路上奔驰的轿车,仅本省牌照就达1000多万辆;今天的四川,有14个机场、140多条国际国内航线覆盖着中国与世界;今天的四川,有10540公里的内河航道,串联着省内17个港口城市,通过长江水道贯通长江中下游各港口城市并从上海出海走向远洋。

1946年3月,湖北省,两列纤夫在岸边拖着船沿长江逆流而上。(视觉中国)

2019年9月29日，70余名中外媒体记者从北京乘坐京津城际到天津参观采访。（视觉中国）

媒体记者在天津中新生态城智慧城市运营中心体验无人驾驶熊猫公交车。(视觉中国)

三峡豪华游轮通过瞿塘峡时,游客们纷纷走上甲板,欣赏瞿塘峡的壮丽景色。(视觉中国)

长江西陵峡湖北省宜昌市夷陵区王家坪至莲沱段水面,游人搭乘大型游轮游览峡江沿岸风光。(视觉中国)

蜀道难变成了蜀道畅。整个中国也是一样，在这个国家，人们可以随时来一趟说走就走的旅行。这一切是在新中国成立以来的70年，特别是近40年间发生的。那么，中国人民出行的路，是怎样一步步延伸过来的呢？

二 从自行车王国到轿车海洋

如果让时光倒退若干年，比如回到20世纪90年代中期，在中国的任何一座城市，特别是像北京、上海这样的特大城市，你对城市的第一印象肯定是满街流动着自行车。最壮观的是上下班交通高峰期，每条街道都是密集的自行车流。在交叉路口或铁道与街道的交汇处，当红灯亮起时，两侧街区瞬间就变成了巨大的

1991年，上海新光路口上班族的自行车车流。（视觉中国）

停车场。这一景象的背后是一组庞大的数字。中国城镇居民的自行车保有量在1993年达到最高点，每百户平均拥有自行车197.2辆，户均约2辆，劳动人口几乎人手一辆；在农村，1993年每百户居民平均拥有自行车133.4辆，2002年为142.7辆。此后，自行车的数量在城市和农村都开始下降。

自行车数量下降的同时，是汽车数量的快速增长。在今天的中国，无论城镇还是乡村，到处都是汽车：在公路上、在街道上、在政府机关、在企业、在学校、在居民小区、在农家的房前屋后，有人的地方就有汽车。2019年中国汽车保有量为2.6亿辆，汽车驾驶人有3.97亿人！

从自行车王国到汽车海洋，中国人日常出行工具的变化，是中国社会进步的一个缩影。而且，这个变化发生得太快了，也就是短短十几年时间，人们几乎是猝不及防地迎来了从自行车时代到汽车时代的转变。如果我们回头张望更远一点的历史，更能感受到这一变化速度是多么令人惊讶。

自行车的发明经历了一个漫长的历史过程。最早提出自行车设计构思的应该是意大利文艺复兴三杰之一的达·芬奇。在意大利达·芬奇博物馆至今保留有他绘制的草图。草图显示，达芬奇想象中的自行车的基本架构和用链条带动后轮的传动装置非常接近我们今天的自行车。而最早制作并使用自行车的则

上海南北高架公路夜景。(视觉中国)

是中国人。清朝初年的文人张潮编纂过一本书《虞初新志》，书中收录有时人戴榕的文章，记载了当时的发明家黄履庄在1683年发明的手摇式自行车："长三尺许，约可坐一人，不烦推挽能自行；行住，以手挽轴旁曲拐，则复行如初；随住随挽，日足行八十里。"可惜，这项发明与这位天才的其他许多发明一样都被埋没了。不过，有了这么个叫黄履庄的人，我们中国人对"自行车王国"这个称呼应该更有底气了。这可以算作是自行车的史前史吧。

一般认为，法国人西夫拉克是欧洲最早发明和使用自行车的人。他在1791年发明了一辆木质自行车。西夫拉克的自行车没有驱动和转向装置，靠骑车人用脚蹬地前行，转弯时必须下车搬动车子。在此后的近80年间，人们对自行车进行了一系列持续的改进：1817年德国人卡尔·杜莱斯在自行车上加装了转向把手；1818年英国机械师丹尼士·强生以铁造取代了木头材质；1839年苏格兰人麦克米伦将自行车装上了脚踏和曲柄连杆，可以不必双脚蹬地而是靠蹬脚踏来驱动；1869年法国人发明了链条驱动后轮。经过这一系列改进，自行车基本定型。这应该算是自行车的"古代史"。

然后就是"近代"。近代中国在各方面一直是落后于西方的，但自行车的引进却是一步也没落下。自行车在欧洲甫基本定型，就同步进入了中国。只不过，在半个世纪里，自行车跟中国老百姓几乎没什么关系，只有社会上层，甚至最上层才有机会染指。

1868年11月24日《上海新报》报道说，"兹见上海地方有自行车几辆"，"靠蹬踏而行，转动如飞"，"成为街头新奇一景"。当时在上海能摸到自行车的，仅限极少数来华的欧洲人。在北京，第一辆自行车是外国人献给光绪皇帝的礼品。光绪皇帝练习骑自行车，有一次辫子被卡进后轮，摔了一跤，从此不敢再骑。自行车也成为末代皇帝溥仪和宫女们的玩物，他曾在《我的前半生》中回忆说，"为了骑自行车方便，我们祖先在几百年间没有感到不便的宫门门槛，叫人统统锯掉"。

普通百姓接触到自行车，大致在1910年前后，但属于公用交通工具，仅限于一个特殊行业即邮递员。1909年，北京有部分邮递员骑上了自行车。1911年，上海邮政局进口了100辆自行车用于投递邮件。之后，天津、武汉、南京等城市的部分邮递员也配备了自行车。

到二十世纪二三十年代，自行车在一些得风气之先的大城市逐渐增多起来，但依然属于高档奢侈品，是一件很大的财产，只有大户人家及少数留洋归来人士才有机会问津，普通劳动者只有眼馋的份儿。当时的一辆自行车，最便宜的也在100块大洋以上。中国四川一家出版社1999年出版了一本叫作《市民记忆中的老成都》的书,其中有文章回忆说,抗战前的成都,一辆单车竟然要150块大洋。那个年代的100多块大洋是多大一笔钱呢?找个参照吧。民国时期有个大文豪鲁迅,他1923年10月30日的日记中记有他当日的购房事项,"至阜成门内三条胡同看屋,因买定第21号门牌旧屋六间,议价八百"。这个四合院现在是北京鲁迅博物馆,3间正房,3间南房,东西各一间小厢房,正房后面有一小花园。整个房价为800块大洋。也就是说,当时6~7辆自行车的总价款可以在北京买到一个四合院!可见自行车有多金贵,普通劳动者哪里敢奢望。以上海为例,当时一个工人的月工资差不多3块大洋,一年辛苦下来,大约不过30块大洋。一个工人要买一辆自行车,需要不吃不喝积攒3年的工资。由此可知,自行车与普通人的距离是多么遥远。在1936年的上海,有自行车12000辆,而当时上海市区常住人口有160多万,每130多人才拥有一辆自行车。稀缺使得拥有自行车几乎成为财富和身份的象征,以致经常可以见到人们以自行车为道具拍照留影。甚至万众瞩目的电影明星们,如大明星周璇、著名的童星陈娟娟、因主演《新青年》而成名的陈云裳、因《貂蝉》而名噪一时的顾兰君、因《金银世界》等影片而走红的影坛小生刘琼等骑自行车出入,曾经成为报纸的娱乐新闻。

自行车在城市很稀罕，而在广大的农村地区，很多人根本没见过自行车。有文章提到说，1930年时一个在北京做保姆的女佣在河北老家向老姐妹说起自行车，"两脚一动，轱辘就会转，好像是画儿上的那个哪吒"，老姐妹听了两眼发直，直念阿弥陀佛。当时的乡民大都熟悉以《西游记》为题材的神话人物年画，其中哪吒太子脚踏风火轮的形象广为人知，在他们有限的见识中，很容易把骑自行车的人与脚踏风火轮的哪吒联系起来。因为是高价值财产，自行车被列入了专门的监管物品。如

民国初期的自行车。（视觉中国）

民国时期,北京街头一位穿着旗袍、戴着墨镜、骑着自行车的摩登女性。

当时的首都南京市颁布的《南京陆上交通管理规则》《取缔脚踏车暂行罚则》等规定:自行车须有政府颁发的牌照,无牌上路骑乘,判处罚金;私用自行车不得出租或营业,违者判处罚金;二手自行车买卖,须向政府工务局申理过户手续,违者判处罚金;自行车车主迁址,须在五日内向政府工务局报告,违者判处罚金,等等。

旧中国工业全面落后,没有完整的自行车生产能力,自行车生产主要靠组装,关键零部件要靠进口,价格自然昂贵。

中国的自行车生产发端于民国初年的青岛。当时一位叫曹海泉的汽车修理工，他在青岛开设了自行车修理兼营代销进口零配件的店铺，取名同泰车行。1933年，曹海泉创立同泰工厂，制造自行车车架、车把、脚踏、车圈等部件，配以进口的关键零部件组装自行车。为了摆脱对外资生产的轮胎的依赖，1934年曹海泉开设同泰胶皮工厂，生产出商标为骆驼牌的自行车轮胎。曹海泉在青岛创立的自行车工厂就是后来以生产"大金鹿"自行车闻名的青岛自行车厂的前身。

差不多与曹海泉建立自行车组装厂的同时，一位叫小岛和三郎的日本商人于1936年在天津和沈阳建立了取名"昌和"的自行车厂，四年后又在上海开设了同名工厂。小岛在天津的工厂只有四五间厂房，百余台旧机器，200余名工人，生产车架、前叉、链轮等零件，部分零件由日本进口，组装自行车以"铁锚"牌命名。抗日战争胜利后这家工厂被民国政府接收并更名为天津机器厂，继续制造自行车。上海的"昌和"生产以"铁锚"命名的自行车，抗战胜利后民国政府接管了该厂并将其改名为上海机器厂，拥有员工180人，生产"扳手"牌自行车，年产自行车3600辆。到1949年，上海已经成为中国自行车制造业最发达的城市。但即使在上海，也只能生产车架、车把、鞍座、脚踏、辐条等技术含量较低的部件，齿轮、牙盘等核心部件仍需从国外进口。上海、天津、沈阳的三家由民国政府接管的日资企业，加上青岛的一家民营自行车厂，便是新中国成立时中国自行车制造业的全部家当。

1949年新中国成立，同各行各业一样，自行车制造业走向了一片新天地。曾经的天津昌和自行车厂于1950年迈出了生产国产自主品牌的第一步。新组建的天津自行车厂于1950年7月试制成功第一辆自己设计制造的自行车，为表达当时对和平的期望，命名为"飞鸽"，从此，"飞鸽"便飞入了几代中国人的生活中。

1949年5月，新成立的上海市政府接管了生产"扳手"牌自行车的上海机器厂，并迅速恢复生产。1953年改名为上海自行车厂，产品商标由"扳手"牌改为"永久"牌。自此，用今天的网络语言说，几乎两代中国人成了"永久"牌自行车永久的"粉丝"。

继"永久"之后，还是在上海，由267家小企业于1958年合并组建了上海自行车三厂，出产的自行车有一个美丽的名字——"凤凰"牌。凤凰自行车坚固、轻便、美观，一问世就受到人们的青睐。在商店里，凤凰自行车的展位总是最抢眼的；在大街上，有姑娘小伙骑着"凤凰"飘过，总是引得人们回头；小伙子娶新娘，聘礼中有辆"凤凰"牌自行车，特别有面子……

新中国有了自己响当当的自行车品牌，但在短缺的计划经济时代,产量不足,像许多消费品一样,自行车也要凭票供给。同时,居民收入普遍很低,购买一辆名牌自行车,跟今天购买一辆普通轿车所花费的家庭支出比重差不多。20世纪60年代,一辆"凤凰""飞鸽"或"永久"牌自行车,价格高达600多元。到20世纪70年代,价格相对降低了不少,也要150元到200元。当时一个普通工人一个月的工资大概是30多元钱,就是说,购买一辆自行车要不吃不喝积攒大半年。

当时农民的收入更低。在改革开放前的中国农村,农民的劳动并不能及时得到现金收入,而是由农村集体经济组织每日记工分,到年底时,扣除粮食等实物收入之后,如果还有剩余,才能分到一些现金。当时农民一天的工分,折合成现金,大概只有几毛钱,一个月也只有几块钱。因为生产能力的不足和居民收入的低水平,在改革开放前的中国大陆,自行车的普及率并不高。到1978年,每百户居民平均拥有自行车不到8辆,其中,城镇每百户居民的拥有量高一些,达到23.3辆,乡村则仅为4.3辆。

在轿车进入普通中国人的家庭之前,自行车在中国人生活中的地位是今天的人们无法想象的。在那时的城市街道上常见的景象是,自行车大梁上加装一个小座椅,小宝宝坐在上面由爸爸妈妈接送幼儿园,就像小袋鼠被呵护在育儿袋里;长成上学的少年了，坐在自行车的后座上，脸贴着父亲的后背在风雨中上下学，是多少人儿时的温暖记忆；城市里上下班的路上，自行车是人们的代步工具；家庭日常生活中，自行车是生活用品的重要运输工具；自行车是家庭富裕的标志，它曾与手表和缝纫机一起，被称为中国家庭的"三大件"；恋爱中的男孩骑着自行车，后座上依偎着自己的心上人，再长的路也嫌太短……为了贴近体验普通中国人生活，驻华高级外交官也加入了自行车一族。已故美国前总统乔治·布什在1974年到1975年间曾任美国驻华联络处主任，为了能"通过自己的眼睛看看真实的中国"，他曾带老母亲骑自行车逛北京，更经常的是和夫人芭芭拉一道骑自行车穿行于北京的大街小巷，被称为"骑自行车的大使"。

1974年，老布什与他的妻子芭芭拉骑自行车经过北京天安门。当时的老布什任美国驻中华人民共和国联络处主任，经常与妻子骑自行车在北京的大街小巷穿行。

1995年的成都街头，坐在车杠上的女娃儿。（视觉中国）

1983年，浙江义乌村民骑自行车，载着箩筐，带着小孩。（视觉中国）

在农村，有辆名牌自行车对农民们来说简直是奢望。湖北省孝感地区应城县有位叫杨小运的农民，受惠于新的农村政策，他承包了24亩土地，粮食连年丰收。按当时的政策规定，1981年他应该向国家交售4265公斤粮食，他主动提出，除了完成国家合同约定的任务，他要多交售一万斤粮食！当地政府官员认为他的爱国热情应当受到鼓励，询问他对政府有什么要求，他竟然提出希望买到一辆"永久"牌自行车。当地报纸《孝感报》于1981年9月5日发表了记者的报道《应城县农民杨小运说，他家今年愿向国家交售两万斤粮食，只要求卖给他家一辆"永久"牌自行车》。两天后的9月7日，当地政府在《孝感报》上公开答复说"超产多、贡献大的农民杨小运，将买到一辆'永久'牌自行车"。这件事一时成了大新闻。中国影响最大的报纸《人民日报》1981年9月18日全文转载了《孝感报》的报道和当地政府的答复。永久自行车厂厂长从《人民日报》上看到了新闻，遂率领工厂代表团从上海出发，带着崭新的永久自行车经长江溯游而上直奔应城县。代表团进入湖北境内就能看到欢迎标语——"盼'永久'、迎'永久'，喜领上海工人情；卖万斤、超万斤，捧出应城农民爱国心"。农民杨小运名字"小运"，意思是"小小的幸运"。回忆起40年前的经历，杨小运说，改革开放政策让他"小运走了大运"，中国所有的农民都走了大运，我们的时代走了"大运"！

中国实行改革开放政策后,经济飞速发展,人民生活水平快速提高,也带来了自行车的大面积普及。就拿北京市来说,在20世纪80年代,自行车以平均每年50多万辆的速度增长,90年代中期全市有自行车831万多辆,而当时北京市的常住人口为1251万,上班族几乎人手一辆,全市近70%的公共出行是借助自行车实现的。到1984年,中国大陆每百户居民拥有的自行车从1978年的不到8辆增加到18.8辆;在乡村,每百户农民的自行车拥有量在1986年达到18.4辆,比1978年增长

苏州街道上骑自行车的市民。(视觉中国)

1982年,被自行车占领的长安大街。长安大街是北京的一条主干道,位于天安门广场北部。(视觉中国)

328%。到1990年，当时拥有11.43亿人口的中国，自行车保有量达到5亿多辆，几乎平均每2个人一辆。中国成为名副其实的自行车王国。

自行车的普及，背后是生产能力的井喷式增长。到1990年代中期，中国的自行车年产量达到了近3200万辆。就拿永久自行车厂这一家企业来说，在20世纪80年代末至90年代初，年产达到340多万辆，是它在旧中国时期年产量的近千倍！其中，年均150多万辆打入国际市场。

时代的变化实在是太快了！

改革开放，国门初开，尽管当时人们很少有机会走出国门，但还是通过影像、图片等看到了西方发达国家民众的生活场景。公路上，街道边，房前屋后，到处都是轿车；人们上下班，到学校接送孩子，去超市购物，到远方旅行，无时无处没有汽车相伴。当时的中国人大都觉得那是一种距离自己很遥远的生活方式。

有多么遥远？看几个数字吧。1985年，中国城镇职工的年均收入739元，一辆上海大众生产的桑塔纳轿车的普遍售价为18万元人民币，有的地方卖到20万元以上。18万元，就是说，一个工薪劳动者要不吃不喝地积攒220多年才能购买一辆车！

然而，从20世纪90年代以后，小轿车越来越多地出现在中国城市的街道上。人们津津乐道地谈论着"飞鸽""永久""凤凰"等这些名牌自行车,也就十几年的时间,话题便转向了大发、捷达、富康、桑塔纳等汽车品牌,并且很快又谈论起丰田、三菱、大众、雪佛兰、福特、奔驰、沃尔沃等外资品牌轿车。普通人拥有私家车的梦想忽然间成了可以用手触摸的现实。不仅如此,近十几年来,公路延伸和街道加宽的速度赶不上汽车数量的迅猛增长,停车位的价格远高于同面积房屋的价格,人们开始听到以往在发达国家才有的抱怨:交通拥堵、环境污染、停车困难等等。

但是,汽车数量增长的势头依然强劲。经济长时间快速发展,居民收入持续大幅度提高,同时,生产能力的极大提升带来成本下降,汽车价格越来越低。20年前一个普通工薪劳动者需要200多年的积攒才能购买一辆经济型轿车,现在只需大概1年多到2年的收入即可购得。越来越多的家庭开始购买第二辆、第三辆车。小轿车从遥不可及到几乎遍地泛滥。为此,城市的管理者也开始对小轿车的购买和使用采取种种限制措施。许多城市针对小轿车的购买采取了类似计划经济时期的手段——居民要购买小轿车,仅有货币是不够的,还必须持有当地政府标明配额的凭证。只不过,原因正好是反的。计划经济时期发放消费品限购凭证,是因为产品短缺,而现在的限购,是因为产品太过丰沛!

最早实行小轿车限购政策的是上海市。1994年,上海开始对新增小客车额度实行拍卖的制度，竞拍者持中标凭证到车辆管理部门取得新车牌照。上海市居民购车的需求实在太过旺盛，竞拍中标的车牌价款有时会高于一辆经济型轿车的价格。2019年上海市投放8998个牌照进行招标，在2月23日的竞标会上，163571人参加竞拍，中标率仅为5.5%，平均成交价达到89485元。

继上海之后，北京、天津、杭州、广州、贵阳、深圳等城市先后加入汽车限购行列。这些城市的居民通过或竞拍或摇号的方式取得小轿车牌照。在有的城市，居民的购车需求与新车增量指标的供给之间差距巨大，要有很大的运气才能取得新车牌照。2013年12月，天津市宣布实行小客车限购，新增车辆指标通过摇号或竞价方式取得。2014年天津市新增4632个小轿车牌照，只有1.9%的竞拍者成为幸运儿！

美国的汽车普及广泛，被誉为"车轮上的国家"。在中国，实行改革开放政策约30年后，汽车产销量就已经超过美国而稳居世界第一。就居民轿车拥有量看，中国已经成为世界第二大车轮上的国家。中国由自行车大国向汽车大国转型的过程，比自行车在中国的普及过程更令人惊讶地反映着新中国成立以来、特别是改革开放以来中国的发展和进步。

新中国成立不久，开国领袖毛泽东谈到当时中国工业的状况时说："现在我们能造什么？能造桌子椅子，能造茶碗茶壶，能种粮食，还能磨成面粉，还能造纸，但是，一辆汽车、一架飞机、一辆坦克、一辆拖拉机都不能制造。"毛泽东主席的这段话，道出了旧中国给新中国的工业、特别是汽车工业留下的是怎样的家底。当时，中国的汽车工业几乎是零，而世界汽车工业已经跑过了近两个世纪的历程。

起步最早的是法国人和英国人。1769年法国工程师古诺使用当时已在多个工业领域应用的蒸汽机技术制造出世界第一辆汽车样车，经过两年多的改进，这辆载重4～5吨的汽车，时速可达9.5公里；1803年法国工程师特利维柯将蒸汽机汽车的时速提高到13公里；1827年英国人嘉内制造了世界上第一辆正式运营的蒸汽动力公共汽车，可载客18人，最高时速19公里。

经过100多年的汽车"史前史"，1886年，德国专利部门批准了卡尔·本茨的汽车制造专利申请，现代汽车诞生，本茨也被认为是现代汽车之父。次年，卡尔·本茨成立了世界上第一家汽车制造公司——奔驰汽车公司。

19世纪末20世纪初，美国的汽车制造业加快了追赶欧洲的步伐。在这一过程中，杜里埃兄弟和亨利·福特的贡献尤大。1893年美国企业家杜里埃兄弟成功研制出汽油发动机汽车，取名"杜里埃"牌。同年，杜里埃汽车参加美国汽车赛，冠军获得者用9小时跑完80.45公里路程,平均时速接近9公里。1896年亨利·福特成功研制2缸4轮汽车;1903年福特汽车公司成立;1908年福特"T"型车问世,流水式生产线带来汽车生产方式的革命。到1924年,全球汽车保有量达1434.7万辆,其中美国汽车保有量达1236.4万辆,占全球汽车保有量的80%以上,每7个美国人就拥有一辆汽车。

就在这世界汽车业加速发展的时期,中国开始引入汽车,不过还只是作为车上的乘客。关于汽车进入中国的元年,1901年是比较一致的说法,但具体地点和当事人却有不同版本。一说是在北京,直隶总督袁世凯为大清的最高统治者慈禧太后祝贺66岁寿辰,作为寿礼,花一万两白银从美国进口了一辆"杜里埃"牌汽车,据称这是北京也是中国的第一辆汽车。一说是在上海,一位叫李恩兹的匈牙利人进口了两辆汽车,标志着汽车首次驶入中国。

在北京,见到汽车这近代科学技术的产物,愚昧落后的清帝国的统治者立马露出了腐朽相。慈禧当时得到的是一辆敞开式汽车,时速可达19公里。车厢内三个座位分为两排,前排一个座位是司机座,后排是两个乘客位。这来到中国的首辆汽车也成了首辆改装车。改装的原因是,清廷的大臣们认为,作为奴才的司机竟然和"老佛爷"平起平坐,而且还坐在前头,有失大清

清朝慈禧太后寿庆时收到的寿礼——在当时还很罕见的汽车。(视觉中国)

体统。慈禧认为此话在理,遂传旨拆掉司机座椅,命司机跪着开车。无法以跪姿开车的司机担心出事,性命难保,偷偷用棉絮堵死油管,谎称汽车坏了。司机担心露馅,逃遁他乡,这辆汽车也成了中国最早的报废车,至今仍陈列在北京的颐和园内。

在上海,汽车数量增加得比较快。1903年全上海只有5辆汽车,1908年增加到119辆,1912年达到1400辆。上海存在着大区域的外国租界,是汽车数量增加较快的原因。租界是西方列强通过不平等条约在中国建立的"国中之国",当时使用汽车的也多为外国人。

到20世纪20年代末，中国人开始了制造汽车的尝试。最早的发起人是一位地位显赫的历史名人，即震惊中外的西安事变的主角张学良将军。在这次发生于1936年的事变中，张将军响应中国共产党建立抗日民族统一战线的号召，在西安扣押了当时民国政府首脑蒋介石，要求他停止内战，一致抗日。张将军因促成全国团结抗战而载入中国现代史册，而他在中国汽车发展史上的贡献却并不广为人知。在此前的20世纪20年代，张学良曾主政中国东北。当时的辽宁沈阳建有迫击炮制造厂，厂长是张学良在东北讲武堂第一期的同学李宜春。1928年，李宜春向张学良建议"化兵为工"，制造民用汽车，张学良极为赞同，通过拨给经费，延聘美籍工程师，招揽海内外高校科技人才等方式催生出中国第一个汽车制造厂，建厂时有职工200多人。经过了两年多的努力，没有任何汽车制造经验的第一代中国汽车人通过仿制的方式，生产出第一部国产汽车。1931年5月31日，被命名为"民生牌"的载货汽车问世。该车采用6缸水冷汽油发动机，65马力，载重量1.82吨，最高时速40公里。全车有666种零部件，202种靠进口，464种自制，国产化率高达70%，在当时那个积贫积弱的中国，这是一个很了不起的成就。

民国时期，上海老城厢老西门路口景观。辽阔的街口，行人往来，三三两两，黄包车、汽车和电轨争道。（视觉中国）

第一辆国产汽车的诞生引起了轰动却又生不逢时。1931年7月，该车应邀送上海参加中华全国道路建设协会为纪念建会10周年举办的展览会。9月12日，民生牌汽车开进了上海的展览会，被置于展厅中央，与福特、别克、雷诺等国外品牌汽车同台亮相，展厅上方悬挂张学良和李宜春的画像。当时上海有报纸刊文称该车"载重后行驶粗劣之路能力极强，驶平坦之途速率增大"。上海市民竞相参观，不少民国政府的高官到场祝贺。然而，仅仅6天后，侵华日军制造了九一八事变，沈阳沦陷，工厂被日军侵占，正在制造的汽车及可制造50辆车的零部件全部落入日军之手。"民生"牌汽车在上海的展览是近代中国汽车产业的开幕式，同时也成了闭幕式。张学良将军创建中国汽车产业的抱负被战火焚毁。

中国汽车产业的摇篮刚要成型就横遭抢劫，然后成了侵略战争的助力器。1934年3月，伪满洲国傀儡政府在被抢占的厂址上成立了日资的汽车工业株式会社，到1938年，形成了轿车3600辆、卡车480辆的生产能力；到1940年，日本在中国东北的汽车总产量约为6800辆。这些汽车虽然是在中国境内生产的，但却不属于中国的民族工业，而是属于完全服务于侵华战争的日本占领者的产业。1945年8月日本投降，日军从东北败退，东北的汽车工业或拆或毁，重新归零。到新中国成立，中国的汽车工业仍然是一片空白。

1952年,中国政府决定在吉林省长春市建立汽车制造厂,也就是著名的长春第一汽车制造厂,人们简称"一汽"。1953年奠基,1956年建成并投产。随着首批12辆"解放"牌汽车驶下装配线,中国不能批量制造汽车的历史宣告结束,中国的汽车工业正式上路了。

继国产卡车上路之后,中国汽车人开始了轿车生产的历程。刚刚诞生的中国汽车制造业没有经验,没有技术,缺乏专用设备,要想从零开始制造轿车,谈何容易!起步阶段还只能是仿造,仿造的对象主要是当时从苏联进口的轿车。1957年5月,长春一汽开始了轿车的研制。由于受当时急躁冒进思想的影响,样车图纸的绘制只用了4个昼夜;全部铸件的浇注仅用一周;实在造不了的直接使用外国的零部件,发动机和变速箱的制造仅用了3天。1958年5月5日,取名"东风牌"的小轿车样车在"一汽"诞生,迈出了中国自主生产小轿车的第一步。然而,这个第一步却没有走好。仓促上马,技术粗糙,故障不断,仅制造了30台就下马了。

失败为成功积累了经验。在东风牌轿车的基础上,一汽开始了后来以"红旗"闻名的高级轿车的试制。经过近一年半的多次试验,编号为CA72的红旗轿车定型,1959年9月第一批产

1956年7月14日,长春第一汽车制造厂的全体职工聚集厂区道路两旁,庆祝第一批国产解放牌载重汽车下线出厂。(新华社)

品驶下生产线。在1959年10月1日举行的国庆十周年庆典上,红旗轿车作为阅兵检阅车亮相北京天安门广场,立刻以其庄严大气、雍容尊贵的格局吸引了世人目光。随后,毛泽东、刘少奇、周恩来、邓小平等国家领导人成了红旗CA72轿车最早的使用者,许多来访的国家元首和政府首脑享受到以"红旗"作为"国车"的礼遇。1960年红旗CA72轿车相继在德国莱比锡国

2019年9月25日,"伟大历程 辉煌成就——庆祝中华人民共和国成立70周年大型成就展"在北京展览馆举行,1958年8月下线的中国第一辆红旗牌高级轿车样车现身展览会展厅。(人民视觉)

际博览会、瑞士日内瓦展览会上展出，受到好评，也作为世界名车入编1960年《世界汽车年鉴》。此款轿车到1966年停产，8年间一共生产了202辆，一直只是作为中国国家领导人出行、举行国务活动的座驾和外事活动的礼宾用车，对普通民众而言，是难得一见的。

红旗CA72从1965年开始升级换代为红旗CA770三排座轿车，19年后的1984年停产。停产当年，红旗车还曾有过一次高光时刻。在1984年新中国成立35周年庆典上，邓小平乘坐红旗牌黑色轿车在北京天安门广场检阅了陆海空三军将士。

红旗轿车于1959年正式投产，两款车型25年间共生产了1540辆，每年生产60多辆，使用范围仅限政府副部长级以上的高级官员，与一般公众的距离依然非常遥远。至20世纪80年代，世界上的主要汽车生产国都已采用先进技术，使汽车的性能更可靠，更节能，更舒适。相比之下，红旗车暴露出脱离市场、技术落后、成本高、产量低、油耗大等弊端。特别是在可靠性方面屡被诟病，曾发生过打不着火、刹车失灵等严重问题。因此，停产也在情理之中。

沉寂8年之后，在中国改革开放的新一波浪潮中，红旗轿车于1992年恢复生产。进入20世纪90年代，一汽集团联合美国福特公司，面向市场开发了拥有全部知识产权的"小红旗"和

"大红旗"等多个系列产品。走向市场就意味着走向民间。1993年3月,恢复生产后的第一辆红旗轿车,开进了浙江省新昌县一位制造印刷机械的农民企业家王文千家中。进入新世纪,经过艰辛努力,一汽"重归神坛,重塑尊崇",再树红旗的国车形象。在2009年国庆60周年阅兵式上,红旗车再次作为阅兵检阅车亮相北京天安门广场。不过,这些都是后话了。

对于生长在大城市里的年龄60岁左右的人来说,印象比较深的另一款国产轿车是"上海牌"。此款与凤凰自行车同在1958年出生的小轿车也曾取名"凤凰",1964年更名为"上海牌"。该车于1991年11月25日停产,33年间一共生产了79525辆,是改革开放之前除红旗牌轿车外,全国唯一批量生产的轿车,且产量比红旗车大得多,因此使用范围也大很多。红旗车的使用仅限国家领导人、军队高级将领、政府高级官员和外事礼宾接待,上海轿车的使用范围扩大至地级市官员和国有企业领导等,在县级地方就几乎很难见到了。在改革开放之前的年代,县级官员到所辖地偏远乡镇进行调查研究和检查工作,大多是骑自行车出行,一天往返百里是很平常的事。

一般县城居民都很难见到轿车,农村居民就更不用说了,有的农民一辈子也没见过轿车长啥样。这也不奇怪,偌大一个中国,当时小轿车的保有量实在是太少了。批量生产的轿车仅仅两款，红旗车共计1540辆，上海轿车79525辆，两者合计81000多辆。在此期间，中国其他地方也曾有过生产汽车的尝试，如北京生产的BJ750、卫星牌、井冈山牌，天津生产的和平牌、红与专牌，重庆生产的先进牌等等，这些品牌的汽车有的仅仅试制了几辆、几十辆，产量多的也不过上百辆，很快就下马停产了。因此，在统计上完全可以忽略。此外，改革开放前的30年间，中国进口了7.38万辆轿车，加上国产轿车，全国轿车保有量不过15.48万辆，这个数字，远不及今天中国许多县城的私家轿车拥有量。

  对普通民众来说，轿车难得一见，拥有一辆属于自己的轿车，更是想都不敢想的事。在那个年代，实行计划经济的中国没有轿车市场。轿车不在市场上销售，而是由政府直接向用车单位调拨。实行改革开放之后的80年代初期，上海轿车开始在市场上销售，价格是每辆2.5万元人民币。这个价格对普通民众来说意味着什么呢？当时工薪劳动者的平均年收入不足800元人民币。也就是说，一个工薪劳动者要30多年不吃不喝地把收入全部积攒起来才能买得起。在这个时期，中国有了第一批拥有上海牌私家轿车的车主，他们多是在改革开放政策实施后积累了一定数量个人财富的私营企业主。

  中国实行改革开放政策后，上海牌汽车与今天的中国人依

1986年，北京长安街上的上海牌轿车。（视觉中国）

然非常熟悉的一款小轿车发生了联系，这就是著名的桑塔纳轿车。当时有句话叫作"拥有桑塔纳，走遍天下都不怕"。1983年，上海汽车制造厂与德国大众汽车合作，生产出中国第一款合资品牌轿车——桑塔纳轿车。1985年，中德合资的大众汽车公司成立，上海汽车厂被收购，上海牌汽车开始了它隐退舞台的进程，直到1991年停产，变成了人们口中的"老上海"。

有"老上海"的说法，是因为有了"新上海"。停产18年之后，在2009年上海国际车展上，采用先进的电动推进系统的

1986年,四川成都,骑自行车的人们从桑塔纳汽车广告牌下经过。(视觉中国)

上海牌新能源汽车吸引了公众的目光,"上海牌"强势回归了。不过,这又是后话了。

一时间,取代了上海牌轿车的桑塔纳轿车与普通公众的距离更加遥远,但没有很久,这距离又迅速拉近。前面说过,1985年,中国城镇职工的年均收入不足800元,一辆桑塔纳轿车的普遍售价为18万元人民币,有的地方卖到20万元以上。18万元,就是说,当时的一个工薪劳动者要不吃不喝地积攒220多年才能购买一辆车!今天,一辆经济型桑塔纳轿车只需5万多元即可到手,有的地方甚至价格更低,也就是说,一个工薪劳动者1年多的收入就可以买一辆车。40年间的巨大变化,真给人恍如隔世之感。

这一巨大变化,从一个侧面佐证了40年来中国政府实行的改革开放政策的巨大成功。"改革开放"是"改革"和"开放"两个词连缀而成的成语,前者着重说的是对中国国内的政策,是经济体制的改革;后者着重说的是对外政策,是向世界开放中国市场以及其他全方位的对外交流。

改革。在计划经济时期,轿车不是大众生活消费资料,使用者仅限政府机关、国有企业和事业单位。因此,且不说普通消费者没有财力购买,即使有财力,也因体制和政策的限制而没有购买的渠道。以社会主义市场经济体制为目标的改革为汽车进入市场开辟了制度通道。1994年,国家经济管理的重要部门——国家计划委员会制定并公布了《汽车工业产业政策》,明确提出:轿车产量要基本满足进入家庭的需要;国家鼓励个人购买汽车;个人购买和使用正当来源的汽车,任何地方和部门不得动用行政和经济手段进行干预。

仅有政府政策的改变是不够的,还需要法律法规的改革予以保障。中国最高立法机构全国人民代表大会于2001年3月举行会议,会议通过了具有法规意义的《关于国民经济和社会发展第十个五年计划纲要》,其中宣布"鼓励汽车进入家庭"。至此,轿车开进百姓家,经历了从政策允许到法规认可与鼓励的改革全过程。

开放。从20世纪80年代开始,中国汽车工业迎来了合资合作的大发展,大众、奥迪、马自达、丰田、本田、荣威、日产、起亚、标志、雪铁龙、福特、铃木、沃尔沃、奔驰、三菱、现代、通用、别克、雪弗兰、凯迪拉克、克莱斯勒、依维柯……各种品牌令人眼花缭乱。如果出一个问答题,问中国有多少合资品牌的汽车,即使汽车产销业内人士也未必一时能给出完整回答。

中外汽车企业的合资合作,促进了中国品牌的崛起,做大做强的优秀中国汽车企业开始大举进军海外市场。2010年8月,浙江吉利控股集团有限公司以18亿美元的价格收购了福特汽车的沃尔沃轿车公司全部股权,中国第一个汽车跨国企业由此诞

中国自主品牌吉利汽车生产线。(视觉中国)

一艘远洋滚装轮在连云港东方公司码头68泊位装载汽车出口西欧。(视觉中国)

比亚迪汉EV电动汽车。(视觉中国)

生。2018年2月,吉利控股集团又以90亿美元收购德国汽车巨头戴姆勒集团9.69%的股份,成为该集团的最大股东。2014年,长城汽车在俄罗斯图拉州的工厂项目奠基,2019年6月建成投产,这是新中国首个海外整车制造厂,生产的首款车型哈弗F7也正式在俄罗斯销售。

改革开放政策的成果是令人惊讶的。在新政策开始实施的1978年,全中国汽车产量只占世界总产量的0.5%,私人汽车拥有量几乎是零。30年之后的2009年,中国汽车产销量分别为1379.10万辆和1364.48万辆，中国汽车产销量首次超越美国，跃居全球第一。自此，连续10年时间，中国汽车的产销量一直保持世界第一的记录，其中，2017年的销量达到2888万辆。2018年的销量略有下降，仍然达到了2808.1万辆，占全球汽车总销量约9500万辆的30%。2018年底，在中国，小轿车保有量达2.01亿辆，首次突破2亿辆，其中，私人拥有量达到1.89亿辆，连续五年年均增长1952万辆。

2018年中国轿车的销售总量在下降，但是，这其中，新能源汽车的销量却在快速增长。2018年新能源汽车销售量达125.6万辆，总保有量达261万辆，与2017年相比，增加107万辆。从近五年的数据看，保有量增长了近12倍，年均增加50万辆。这意味着，中国汽车产业正面临着转型升级。除了新能源，中国汽车工业在运用云计算、大数据、物联网、人工智能等高科技成果的竞争中也走在世界前列。

经济的高速发展使中国已经进入了小康社会。小康的一个标志就是小车，就是四轮代替两轮，就是从自行车时代进入汽车时代。但是，这绝不意味着自行车就要进入博物馆了。自进入新世纪以来，自行车既是实用的代步工具，更具有了运动、健身、娱乐、休闲等新定位，其背后的理念是环保、绿色、时尚、健康。特别是2016年以来，借助于互联网经济的兴起，中国大地

2016年12月,深圳市民骑共享单车逛公园。(视觉中国)

刮起一股共享单车的旋风。共享单车的兴起,满足了人们短途出行不开车、远距离出行时把汽车停在方便的停车场,依靠自行车完成最后一公里的需求。自行车并没有被汽车潮所吞没,而是分成了涓涓小溪流淌在窄街狭径和社区小巷。适应新需求和新理念,自行车产品已经形成传统自行车、城市轻便车、山地车、赛车、童车、电动车、燃气助力车、特种车等200多个品种,可谓琳琅满目,五彩缤纷。

20世纪初年,自行车作为高档奢侈品进入中国时,对普通百姓来说,不可望且更不可及,即使对极少数上流社会人士,道路状况的恶劣也使自行车的骑乘者极为心烦。例如民国初期的长沙,城内街道狭窄不平,骑车人跌倒或碰撞行人的事故时有发生,为此,政府曾颁令禁止在街上骑乘。再如在苏州,当地士绅曾因"城内有多人喜乘脚踏车,因道路甚窄,辄致伤碍"而要求政府颁布自行车禁止令。

在汽车进入中国时,除了在为数不多的大城市里,中国广大地域的普通百姓更是难得一见。即使在大城市里,在主要由石板或砂石铺就的街道上开车,对于驾车的富人们也很难说是一种舒适的体验。至于离开大城市,甚至像南京、上海和杭州这样的周边经济条件相对较好的地区,城市间的道路也主要是由泥土和砂石构筑而成,没有一条像样的路。

西安街道上排列整齐的共享单车。
（人民视觉）

历史进入 20 世纪以来，中国人民奋斗了半个世纪争取民族独立，建立了新中国；又用了半个多世纪建设了一个国家强盛、人民富足的小康中国，并开启了建设现代化国家的新征程。中国从一个出行主要靠双腿的国家，到"自行车轮上的国家"，再到"汽车轮子上的国家"，这一轨迹从一个侧面展示了一个多世纪以来中华民族的奋斗历程。今天，中国头戴"自行车王国"和"汽车王国"两顶王冠，在全世界最好的道路系统上奔驰，我们有理由相信这个国家有着更为远大的光明前程。

三

中国铁路故事

设想一下，你现在位于中国北端的黑龙江省，比如你从齐齐哈尔市乘坐高铁到中国南部的广州，全程3741公里，你在路途上的时间也就是12个小时多。在贴地"飞行"的12个小时里，时速300多公里，你将经过绵延山峦、辽阔草地、无边平原、滔滔江河、繁华市镇、静谧乡村；你的出发地可能是大雪飞舞的寒冬，你的目的地则可能是百花盛开的春天。你也可以来一趟东西之间的穿行，比如从北京到新疆的乌鲁木齐，3400多公里的长途，大约只需要16个小时，列车从北京出发后，除了中国北方常见的景象，你更可以领略沿途的雄浑高原、苍凉大漠、巍巍雪山、万里长城、民族风情……这种带给你速度与美相叠加的体验的，就是人人羡慕的中国高铁。人们把高铁誉为现代中国的国家名片，此言不虚。乘坐疾驰如飞的高铁列车，中国乘客常常会由衷地产生出一种自豪感，对于这种情感，只有对中国铁路的历史和今天有个大致了解，才能体会得到。

中国高铁是中国国家铁路建设的最新一章。中国铁路的发展史同中国其他领域的发展一样，那是一幕幕从愚昧落后到追赶时代、从屈辱艰辛到自尊强盛的连续剧。

世界上第一条铁路诞生于最早完成第一次工业革命的英国。1825年9月27日，英国工程师乔治·史蒂芬逊设计的蒸汽机车以每小时24公里的速度驶过从斯托克顿至达林顿的铁路线，人

安徽宣城,"复兴号"列车飞驰在山间花海中。(视觉中国)

行驶在花海中的动车组列车。铁路穿越北京军都山的关沟段是这一线路上最为险要和风光最为旖旎的区段。(视觉中国)

武汉动车段高铁动车组整装待发。(人民视觉)

类交通进入了铁路时代。继英国之后,美国于1830年、法国于1832年、德国于1835年建成了本国的第一条铁路。

从1840年鸦片战争开始,西方列强逐渐打开了中国封闭的大门,正在西方兴起的先进的工业技术开始进入中国。但当时冥顽不化的清政府对来自西方的新事物多予以排斥。1863年,上海的27家洋行筹资214万两白银,上书清政府请求修建一条长约120公里的铁路,因担心洋人借修建铁路图谋不轨,清政府一口拒绝。

两年后的1865年,英国商人杜兰德在北京花了一万两银子买通官府,获准在北京宣武门外的护城河边修建一条500米的演示铁路。铁路建成后,他从英国运来一辆小型蒸汽火车头,这列有着三节车厢的火车开启了中国铁路的"蒙昧时代"。清朝末年著名立宪派人士李岳瑞在梁启超主编的《国风报》上连载笔记《春冰室野乘》记载了这条铁路的命运:"同治四年七月,英人杜兰德,以小铁路一条,长可里许,敷于京师永定门外平地,以小汽车驶其上,迅疾如飞。京师人诧所未闻,骇为妖物,举国若狂,几至大变。旋经步军统领衙门饬令拆卸,群疑始息。"李岳瑞的记载中没有提到的是,清政府先从杜兰德手中购回了这小铁路的所有权,然后才下令拆除的。

接下来更荒唐的一幕发生在上海。1866年,英国公使向清政府提出从上海租界到吴淞口之间修筑铁路的要求。遭到拒绝后，洋商们想出了一个手段：先正式购买土地，隐瞒用途，然后快速把铁路建成，造成既成事实。1872年，美国商人成立"吴淞道路公司"，该公司以修建"普通马路"为由购买土地，不明就里的上海官府批准了购地申请，该公司在上海至吴淞间征购了长约14.88公里、宽约13.7米的土地。1874年美商将公司转手卖给英国商人，英商成立"吴淞铁路公司"进行铁路营建。路基工程于1874年12月开工，一年后路基工程完成，1876年1月开始铺轨，约三周后在部分完成的路段试通车，被上海地方官发现，遂被迫停工。从1876年2月22日到1876年12月的近10个月时间里，清政府总理衙门、北洋大臣、两江总督、上海道台，各级政府就停工事宜反复发出照会，数次会谈交涉，洋商一面敷衍一面施工，最终将铁路修筑成功。1876年6月30日，上海至江湾段竣工通车；1876年12月1日上海至吴淞全线通车。经过数轮谈判，1877年10月清政府以28.5万两白银赎回铁路，1877年12月28日开始拆除铁轨，随后车站被推倒，路基被铲平。被拆除的铁轨，一说全都被抛进了大海，一说被福建巡抚兼台湾学政丁日昌运至台湾用于铁路建设，因无力筹措筑路资金，铁轨在高雄港长期搁置，日久锈蚀而报废。这是清政府第二次上演将外商修筑的铁路购买后拆除的戏码。

1881年,在唐胥铁路上使用的由中国工人制造的第一台蒸汽机车"中国火箭号"。
(视觉中国)

此番折腾的后续情节是,在两江总督兼南洋通商大臣张之洞的两次呼吁下,20年后的1897年,清政府宣布按被拆毁的铁路原线路复建淞沪铁路!1897年1月,以朝廷大臣盛宣怀为督办的铁路公司成立,2月27日淞沪铁路开工,1898年8月5日全线竣工,9月1日正式通车。

淞沪铁路从拆除到复建的20年间,中国还曾修建过第一条属于自己的全长9.7公里的铁路,这就是位于河北唐山的唐胥铁路。唐胥铁路的修建是为了解决从唐山矿区到胥各庄码头之间的煤炭运输问题。

1876年6月,上海吴淞铁路开通日的"先导号"机车和列车。(视觉中国)

1881年6月,李鸿章视察唐山到胥各庄铁路。前排左四为李鸿章,左二为唐廷枢。(视觉中国)

围绕唐胥铁路的修建,洋务派领袖李鸿章与保守派进行了十多年的争论。朝廷担心铁路便于列强运兵,威胁自己的统治;达官贵人讨厌火车的噪音和黑烟;普通百姓认为铁路建设会破坏风水。李鸿章无力直接应对官民一致的反对,暗示主持矿务局的实业家唐廷枢仿效英国洋行在上海的瞒哄手段,打着修马路旗号修铁路。工程于1881年5月开始,11月完工。铁路建成后,清政府以火车途经位于遵化县的皇帝陵园为由,担心惊扰了龙脉,只准许以驴、马曳引车辆。

其实,铁路线到清皇帝陵的直线距离超过50公里,断无"惊扰"之虞;在19世纪的铁路上惊现古代骡马拉车景观,不过是古代的丑角在近代舞台上的闹剧。而在那个时代的西方国家,已建成发达的铁路系统。在德国,1860年有铁路11633公里,1870年达到19575公里,德国各大城市之间已经织成密集的铁路网;在法国,19世纪40年代末已建成铁路达3000公里,到1870年,线路长达17924公里,各主要干线已经成型;在美国,从1850年至1910年间,修建了37万余公里铁路;在英国,1890年,已经建成32000公里铁路。而在当时的中国,到1894年时,建成的铁路总里程不过区区483公里,这个数字,如果拿英国做比较,仅是英国的六十分之一;如果按密度计算,英国本土只有24万多平方公里,而当时的中国疆域面积达1270万平方公里,是英国的50多倍，中国铁路建设与西方国家的差距超乎想象。

在近代中国，如果有某类建筑工程与民族情感和国家命运有着最密切的关联，那就是铁路。因此可以理解，詹天佑，一个铁路工程师，竟然可以同中华民国国父孙中山并肩而立于近代中国的先贤祠。

詹天佑，1861年4月生于中国广东省南海县，1872年他11岁时，作为近代改革家容闳倡议组织的中国第一批30名留学幼童之一赴美国读书，9年后的1881年，20岁的詹天佑以优异成绩完成大学本科课程，获耶鲁大学土木工程学士学位回国。这位有着"中国铁路之父""中国近代工程之父"之誉的近代中国最伟大的工程师，从1888年至1919年，在上海至嘉定、塘沽至天津、唐山至古冶、古冶至山海关、天津至卢沟桥、锦州铁路、营口铁路、江西萍乡至湖南醴陵、武汉至长沙、河北新城县至易县、广东潮州至汕头、广州至韶关、北京至张家口、张家口至绥远、河南洛阳至陕西潼关、湖北宜昌到四川万县、长沙至株洲等铁路的建设工程中，他或参与或主持，清朝的最后10年和民国初期的近20年间，中国的多数铁路上都凝结着他的智慧和汗水。他于1905年向清政府建议全国统一采用1.435米标准轨距，到今天依然是中国铁路的工程标准，为中国铁路事业做出了具有奠基意义的贡献；为推动学术救国，他创立广东中华工程师会、中

1909年,京张铁路通车后,青龙桥车站"之"字线上的上下行火车同时开行。(视觉中国)

华工程师学会等学术团体，并数度被推为会长；他的《新编华英工学字汇》《京张铁路工程纪略》《铁路名词表》等著述是中国铁路工程学术的奠基之作；他是英国混凝土学会会员、英国皇家工商技艺学会会员、英国北方科学与文艺学会会员、英国铁路轨道学会会员、美国土木工程师学会会员。他在学术上拒绝掠人之美：美国人詹内（Janney）于1868年发明的火车自动挂钩"詹氏车钩"由詹天佑在中国推广使用，"詹"字的音译使人们误传为挂钩由詹天佑发明，他曾请同事予以澄清，并且为杜绝以讹传讹，他在《新编华英工学字汇》的编纂中故意避开"詹"字，将"Janney Coupler"译为"郑氏车钩"以正视听……

　　但是，詹天佑的高超技术和专业精神使他不仅成为那个时代在中国和世界上最受尊重的中国人之一，在那个中国积贫积弱、备受外人欺凌的年代，他更是作为一位伟大的爱国者而被历史铭记。他一生须臾不曾忘怀的是，"各出所学，各尽所知，使国家富强不受外侮，足以自立于地球之上"。1905年至1909年间，他主持了第一条由中国投资、设计、施工和管理的北京至张家口的铁路工程；此前，中国铁路几乎都由西方列强投资、拥有和管理。京张铁路穿越军都山脉，为解决列车在山区陡坡的爬坡问题，詹天佑独具匠心地采用"人"字形线路设计，为世界瞩目。在詹天佑心目中，这是一项铁路建筑工程，更是一项民族尊

2018年3月,正在驶出北京青龙桥站的普速列车。(视觉中国)

严工程。铁路规划之初，英俄两国激烈争夺筑路权，最后威逼清政府：不得雇请任何外国人，必须全过程由中国人自己操持，他们才不再插手。詹天佑闻之意气难平："我国地大物博，而于一路之工，必须借重外人，引以为耻！"他在致美国友人信中说："这是完全由中国工程师修筑的中国第一条铁路。这条铁路对中国人来说是一次考验。因为中国人一般地都被外国人，尤其是租借地的外国人所轻视。"

京张铁路沿线山峦起伏，大量隧道工程，因缺乏机械设备，工人只能用简陋的手工工具作业。顶住工程艰巨、时间紧迫、舆论压力大、资金有限的巨大困难，201.2公里铁路，詹天佑和他的工匠们四年卧薪尝胆，以提前两年时间、工程质量优异、节约29万两白银、成本为同级铁路中最低的骄人业绩，震动世人。在1909年10月2日的通车典礼上，詹天佑的同乡、文化名人朱淇在致辞中说："京张铁路筑路之成，外国人著论于报纸曰，中国造此路之工程师尚未诞生也，一时五洲传为笑谈。今者，詹君独具匠心，筑成此路，不假外国人分毫之力，所有一切筑路与管理，皆用中国人为之。嗟夫！如詹君者，可谓能与中国人吐气矣！……夫铁路工程，既可以中国独力筑之，将来一切矿务机器制造等事，皆可以中国人自为之矣。吾今日为铁路祝，并为全国之矿务、山林、机器、工厂祝也。有开必先，其今日京张铁路之谓乎？"自开通之日至2014年7月张市北站停止运营，詹天佑主持修建的京张铁路安全运行105年！

1900年《辛丑条约》签订后，八国联军撤离北京，但沙俄却赖在中国东北不走。1902年4月，在国际压力下沙俄与清政府订立《交收东三省条约》，其中规定"俄国交还山海关、营口和新民厅沿线铁路"，詹天佑受命参加接收并迅速主持修复通车。第一次世界大战结束后，各战胜国列强无视作为战胜国之一的中国的权益，试图以协约国"联合监管远东铁路委员会"之名控制中东铁路，詹天佑以中国工程师学会会长名义致电巴黎和会中国代表团，坚决反对协约国的侵略行为。1919年2月，詹天佑作为中国代表赴哈尔滨和海参崴（符拉迪沃斯托克）与列强交涉，会议间心力交瘁，腹腔旧疾复发，返回居住地汉口医病，1919年4月24日，詹天佑病逝于汉口仁济医院，终年58岁。临终口授千字遗言，令家人记录呈递政府，字字皆国计，全无家事："天佑生性钝拙，从事路工终垂三十年，只知报国，从不敢殖产营私"；"年届六旬，死亦无憾，所恨平生之志未及尽舒"；期望"振奋发扬中华工程师学会，兴国阜民；慎选人才管理俄路，以扬国光；脚踏实地建成汉粤川铁路"，上述三端"乃天佑未了之血忱，如得国家采纳，则天佑虽死之日，犹生之年"。詹天佑病逝消息传出，中外一哭。武汉、北京、上海、天津、广州、武汉等地民众纷纷设堂公祭，国际远东铁路会议亦休会悼念；美国驻华公使布恩希喈电称："闻知詹博士逝世噩耗，极为震惊。詹博士的高尚人格和对中国铁路事业的卓越贡献，为全体美国人民所敬仰！"

中国的国家命运也曾因铁路而改变；中国延续两千多年的帝制的覆灭，共和国的建立，直接导因于一次中国民间的保护路权运动，中国史学界有所谓"一条铁路扳倒一个王朝"之说。

在近代中国，投资和运营铁路可以获得巨大的商业利益，因此，清朝末年至民国初期的几十年间，西方列强依仗其资金、技术，辅以政治和军事影响，控制了中国大部分筑路权。20世纪初，中国人民开始了争取筑路权的斗争。成都至汉口的川汉线、广州至汉口的粤汉线是从中国中部分别通向南部和西南的交通干线，而且在汉口与京汉铁路相连，故川汉和粤汉两大干线成为斗争的焦点。自1903年始，清政府准许民间资本在铁路、矿务、机器制造等行业成立公司，此后各省商办铁路公司陆续成立。1907年3月，四川省"商办川省川汉铁路有限公司"成立，规划修建川汉铁路，设计线路长近2000公里。商办铁路公司通过发行股票的方式筹资，政府、商界和普通百姓纷纷入股，"官股""商股"加"民股"共募得白银1400余万两，铁路股东人数占当时四川人口的半数以上。

1896年5月，清政府决定修筑粤汉铁路，与清朝政府大臣相勾结的一家美国公司以400万美元的借款获得了筑路权，但该公司仅仅修成不到50公里，就转手将三分之二股权卖给一家比利时公司。清政府地方大员张之洞和广东、湖南、湖北三省商人士绅对美国公司的违约行为强烈不满，要求废除合同，收回路权，交涉的结果是以675万美元的高价赎回路权，交由商办。1906年广东商人成立商办铁路总公司，1910年推举詹天佑为总公司总理兼总工程师；湖南于1907年成立官督商办铁路公司；粤汉铁路的湖北段则由官办的铁路总局负责。

1911年春，陷入财政危机的清政府谋划将四川、广东、湖南、湖北各省民办的铁路公司一律"收归国有"，然后将路权卖给西方公司。5月9日，清政府颁布铁路国有政令；5月20日，清政府同英、美、德、法四国银行财团签订《湖北湖南两省境内粤汉铁路、湖北境内川汉铁路借款合同》借款600万英镑，人民在名义上仍持有国家铁路的股票，但铁路的财产权事实上已不在清政府手中，人民手中的股票与废纸无异。

清政府公然出卖国民利益的行为激起四川、湖南、湖北、广东四省人民的强烈愤慨，大规模的保路斗争随即展开。1911年5月13日至18日，湖南各界社会团体发出抨击清政府的传单，长沙举行了万人抗议大会，一万多铁路工人上街示威，商人罢市，学生罢课；在湖北，从宜昌到万县的铁路正在施工中，筑路工人和商人无视政府的停工令，遭到政府派兵镇压，数千筑路工人用筑路工具同清军展开激烈搏斗，造成清军数十人死伤；在广东，粤汉铁路股东万人大会通电湖南、湖北、四川各省一致抗争；在四川，全省142个州县的商人、工人、农民、市民和学生纷纷投身于保路运动，在成都的川汉铁路股东大会上"保路同志会"宣布成立，10天之内就发展会员10多万人，"保路同志会"很快转为"保路同志军"，斗争由街头抗议转为武装抗争。与此同时，全国多地民众以及海外侨胞、留学生也纷纷以集会和通电的方式予以声援，清政府因一条铁路而风雨飘摇。四川各地爆发"保路同志军"起义，清政府急忙从四川周围各省调兵前往镇压，其中，装备最精良的湖北新军最先被调入川，武昌城内兵力空虚，革命党人抓住机会发动起义，1911年10月10日，武昌的一声枪响，统治中国2000多年的帝制结束了，在中国诞生了亚洲第一个共和国。

从1911年中华民国成立到1949年新中国成立的38年，中国历史进入一个新的时期，这个时期的关键词是军阀混战、抗日战争、革命战争。在这个时期，中国的铁路也在艰难地向前延伸着。在这个时期，中国铁路线最密集的地方是中国东北地区。当时，东北大部分时间在日本侵略军的占领下，在东北以

四川成都辛亥保路运动纪念碑。(视觉中国)

及后来在被日军占领的其他地区，曾新建或改建大约6000多公里的铁路，但这些都成了日本侵略者扩大侵华战争和掠夺中国资源的工具。

在二十世纪二三十年代国际关系大变化和中国国内反对帝国主义的革命运动的推动下，西方列强的对华控制有相当的松动，一个重要的象征是，从1917年中国加入第一次世界大战协约国阵营对德国和奥匈帝国宣战到30年代中期，中国先后收回了德国和奥匈帝国、苏联、英国、比利时等国的租界；在这个时期，中国在相当大的程度上有了修筑铁路的自主权，也积累了一定的技术力量。在中国一些省份，当地政府在铁路的发展上也有所努力，如浙江省政府修建杭州至江山的杭江铁路、浙赣铁路、沪杭甬铁路的萧山至曹娥江段等；如1933年至1937年间山西省地方长官阎锡山主持修建的约820公里大同至蒲州的同蒲铁路。其中，同蒲铁路没有采用1.435米标准轨距，而是采用当时法国制式的1米窄轨距。阎锡山弃用标准轨距而采用窄轨距，有经济上节省经费的打算，也有巩固山西地方割据、防止蒋介石的中央军等省外军事力量借助铁路进入山西的考虑。军事考虑并非完全无效。1937年9月，侵华日军从山西省北部的大同进攻山西，山西并没有像其他地区那样在日军进攻之前毁路炸桥，阎锡山只是命人把机车拉走，致使日军的宽轨距火车无法利用窄轨距铁路，迟滞了日军南下的步伐。

在此期间，民国中央政府在铁路建设方面的作为，主要有湖南柳州至贵阳的湘黔铁路、湖南衡阳至广西凭祥1000多公里的湘桂铁路、从昆明至中缅边境的滇缅铁路、从昆明至四川宜宾的昆叙铁路，以及陇海铁路等。其中，陇海铁路东起江苏省连云港西至甘肃省兰州市，串联中国华东、华中和西北地区，全长1759公里，是纵贯中国东西的交通大动脉。陇海铁路始建于清朝末年的1904年，经过清政府以及后来的民国政府时断时续的修建，到1945年修建至甘肃的天水，已历时41年，剩余300多公里天水至兰州段，在新中国成立后的1953年7月才告完成。陇海铁路全线建成历时近半个世纪。

从1876年在上海修建第一条商用铁路到2019年的143年间，除去20世纪40年代最后三年因全国范围的人民解放战争而完全没有铁路工程，中国的铁路建设恰好分为两个70年：旧中国的70年和新中国的70年。在旧中国的70年里，中国大陆建成铁路25523公里，到1949年，受战争破坏等原因的影响，3500多公里铁路处于瘫痪状态，可通车铁路约为21900多公里。1949年新中国成立，实现了独立和基本统一的新国家为完全自主地进行铁路建设、为在全国统筹铁路建设规划和统一标准创造了前提；中国国家工业化的快速发展，工业制造能力的稳步提高,为中国铁路建设的整体进步提供了强大的物质和技术基础。

　　新中国的70年,大致又可以分为前30年的稳步发展和改革开放40年的腾飞跨越。

　　前30年国家经济建设的开局之年里,最亮眼的工程是一条新的铁路。新中国成立后修建的第一条干线铁路是邓小平参与领导的从成都到重庆的成渝铁路。1949年底四川全境解放,为尽快恢复经济和社会生活,主持包括四川在内西南数省区工作的刘伯承、邓小平等领导人做出了修建成渝铁路的决定。利用民国时期的勘探成果,1950年4月对铁路沿线再次进行勘测并做了较大变动。1950年6月15日,铁路开工典礼在重庆举行,邓小平等领导人到场祝贺。经过三年的修建,1953年7月30日,全长505公里的成渝铁路正式交付使用。成渝铁路的建成使四川人民看到他们追求了近半个世纪的汉川铁路梦想正在变成现实。邓小平,这位从四川走出来的领导人,初登新中国政坛,就以一条新铁路回报了他的家乡;近30年后,他领导的改革开放事业造福了整个中国和中华民族。

　　继成渝铁路建成,在此后的约30年间,中国修建了38条新干线和67条新支线,新增铁路里程达28400多公里,远超旧中国70年建成的铁路长度的总和,使中国铁路的总里程达到53900多公里。

1953年7月1日，成渝铁路通车。（视觉中国）

不断延伸的铁路越来越频繁地遇到江河峡谷的阻隔,连接铁路的桥梁也在不断地增加着。1949年之前,除了一些较小的江河上有铁路桥,长江上一座铁路桥也没有,黄河上也仅在郑州和济南各有一座铁路桥。新中国的前30年间,长江上建有7座铁路大桥,包括长达6772米的著名的南京长江大桥,黄河上的铁路桥达16座,而在53900多公里的铁路线上桥梁总数达到28945座。

在铁路总里程增加的同时,线路由单线变为复线,枢纽编组站的扩建,铁路的电气化改造,都极大地增强了既有线路的运输能力。特别是电气化改造。从1958年6月开始,对1952年7月到1956年7月建成通车的宝成铁路分段进行电气化改造。经过17年的艰苦努力,1975年7月1日,全长676公里的宝成电气化铁路全线改造完毕并顺利通车,成为中国的第一条电气化铁路。到1980年底,中国共建成电气化铁路1679.6公里。

给世人留下深刻印象的,是这个时期完成的工程之艰巨。宝成铁路就是其中之一。宝成铁路北起陕西省宝鸡市,向南穿越秦岭到达四川省成都市。从中华民国初期到1948年的35年间,民国政府曾对这条路线进行过数次勘探,但未动工兴建。新中国成立后,中央人民政府很快就启动了这一工程。工程于1952年7月开工,历时4年,1956年7月,长达668.198公里的铁路全

1955年,建成通车的宝成铁路,列车正通过四川广元大巴口桥。(视觉中国)

线建成通车。

　　宝成铁路穿过秦岭、大巴山、剑门山等山系，跨越渭河、嘉陵江、涪江、沱江等大江大河，山高谷深，水流湍急，正是唐代大诗人李白感叹的"难于上青天"的蜀道。整个工程需要打穿一百多座大山，近千次地跨越大小河流。676公里的线路，共开凿隧道304座，几乎2公里多就有一座隧道；建有大小桥梁1001座，平均不到1.5公里就有一座桥梁。特别是，列车通过秦岭时，从杨家湾站到秦岭大隧道直线距离只有6公里，但爬升的高度却达680米，即每公里要爬升110米。列车爬坡的高度每公里不能超过40米，因此只能反

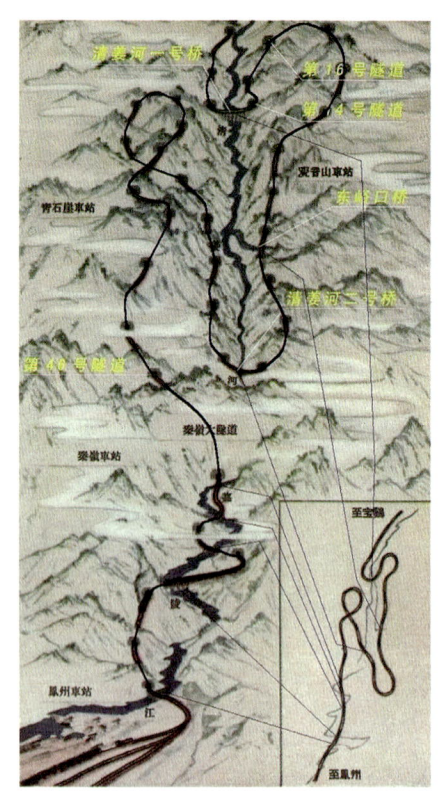

秦岭展线示意图。

复地迂回爬坡，6公里的直线距离，螺旋上升的铁路线长达27公里。假如有数趟列车紧随通过，站在观音山车站可以看到三条上下叠加排列的长龙在巨大的天梯上齐头爬升的奇观。

宝成铁路的建成，串联起陕西、甘肃、四川三省，其中从陕西宝鸡至四川广元长达350公里的路段，恰好与2000多年前中国古代开凿的蜀道——陈仓道、金牛道并行。安坐在现代化的列车上一路行进，你会领略高山大川的壮美，你会与厚重的历史相遇，你会为"蜀道难"变为"蜀道畅"给中国西北和西南地区带来的经济和社会发展感到振奋。

从宝成铁路南端的终点成都继续南行，你就走上了连接四川成都与云南省会昆明的成昆铁路。这是一条修建在"铁路禁区"里的铁路。因工程太过艰巨，铁路修建时有外国人评论说"中国人疯了！"。

他们的这个议论不是完全没有道理。中国地形自西向东呈三个阶梯状：平均海拔4000米以上的青藏高原为第一阶梯；平均海拔1000～2000米的云贵高原、黄土高原、内蒙古高原为第二阶梯。青藏高原与云贵高原大致以横断山脉为界，成昆铁路大致沿横断山脉的南北走向敷设。横断山脉山岭平均海拔在4000米以上，大山高耸云端，峡谷深不见底，怒江、金沙江、大渡河、安宁河、牛日河、孙水河、雅砻江等巨流大川将山脉深切成无数 V 字形深涧。这里也是中国主要地震带之一，溶洞、暗河、断层密布，极不稳定的地质条件使得山崩、流沙、滑坡和泥石流频发。从清朝末期到新中国成立的半个世纪里，清政府、民国政府、美英法等西方国家的大财团，曾就这条线路做过多次勘探规划，但怯于施工条件的凶险，成昆铁路只是图纸上的一条线。

新中国成立后，随着宝成铁路于1956年建成通车，将宝成铁路向南延伸至昆明、打通中国南部对外通道的任务摆上了国家日程。中国的铁路建设者就是要在这被认为不可能修建铁路的"禁区"完成这一工程。1958年7月成昆铁路动工建设，工程历时12年之久，在施工最紧张的1966年，最多时曾有近40万人日夜奋战在工地上。经过艰苦卓绝的努力，1970年6月全线完成铺轨，

施工工人在峡谷间进行架桥和隧道施工作业。

成昆铁路建成通车时的一线天大桥。(视觉中国)

7月1日全线开通运营。1096公里线路，共开凿427座隧道，平均每2.5公里有1座；共架设有991座桥梁，平均每1.7公里1座，许多江河被多次架桥跨越，其中，240多公里蜿蜒曲折的龙川江竟然被跨越49次；桥梁和隧道的长度之和达433.7公里，占线路总长的40%，全线124座大小车站，有三分之一建设于桥梁上或隧道中。

成昆铁路的建设极大地改善了西南地区的交通状况，促进了中国西南地区、特别是少数民族地区的经济和社会发展。成昆铁路的建成，也引起了国际社会的高度关注。有报道说，1984年12月8日，成昆铁路工程与美国阿波罗宇宙飞船登月活动和苏联第一颗人造卫星，共同被联合国组织评为"象征20世纪人类征服自然的三大奇迹"。

新中国的前30年，伴随着铁路建设的进步，中国的机车制造能力取得了巨大的发展。1949年之前，中国完全不具备制造铁路机车的能力。始建于1881的唐山机车车辆厂在旧中国是历史最悠久、实力最强的铁路机车制造企业，它也只能按外国图纸进行仿造，而且主要零部件还得靠进口。旧中国的铁路机车几乎全是外国制造，而且型号极为繁芜。截至1949年，全国共有蒸汽机车4069台，198个型号，产自8个国家的30多家企业。

在云南省楚雄彝族自治州禄丰县黑井镇，成昆铁路法拉展线壮观的大田箐特大桥。（视觉中国）

新中国成立后不久，1952年，铁道部青岛四方机车车辆厂制造出中国第一台"解放"型蒸汽机车，从此结束了中国不能独立制造火车头的历史。此后的30多年间，河北唐山、江苏戚墅堰、青岛四方、山西大同、辽宁大连、北京长辛店、四川资阳、湖南株洲等中国骨干机车车辆制造企业陆续生产的蒸汽机车达到近万台。

蒸汽机车制造业快速发展的同时，中国也在追赶机车制造技术进步的步伐。自1958年北京长辛店机车车辆厂试制出新中国第一台内燃机车"建设"号、株洲机车厂和湘潭电机厂联合生产出新中国第一台电力机车"韶山号"开始，到20世纪80年代末，中国各大机车生产厂共生产内燃机车和电力机车近5000台，蒸汽机车、内燃机车和电力机车三种机车的总数是1949年中国机车数量的2.5倍，而且在性能上不可同日而语。

铁路建设水平的巨大进步和机车制造技术的显著提高，使得中国列车的速度越来越快。民国时期的火车行驶的速度是每小时20公里到30公里。1980年代末，中国列车的速度一般是每小时40至60公里，最高行车速度达到每小时110公里。

自1978年实行改革开放政策后，中国经济获得了快速发展，也带来了中国铁路建设的腾飞。但在新政策实行的前半期，虽然铁路建设有所发展，但人们对这一发展不仅没有获得感，反而感

20世纪50年代,"毛泽东"号机车。(视觉中国)

最后的蒸汽机车。2012年1月2日，内蒙古赤峰市克什克腾旗集通铁路上的蒸汽机车。（视觉中国）

觉到铁路运力的高度紧张。从1980年到2000年,中国铁路的长度从53900公里增至68700公里,20年间增加了14800多公里。铁路机车数量也在稳步增长。1990年有机车13970台,1995年达到15554台,五年间增加了1584台。因老机车的加速淘汰,2000年数量略有下降,达15253台。

然而,在这一时期,人们对铁路运输需求的增长远超过铁路运力的增长。在这一时期,人口快速膨胀。1990年中国人口达到114333万人,与1982年的101654万人相比,八年间增加了12679万人,平均每年增加1584万多人;2000年中国人口数又增至126743万人,十年间又增加12410万人,平均每年增加1241万人。经济快速发展,对铁路货运的需求大幅度增长,客运与货运对铁路运力的竞争在加剧。改革开放极大地解放了农业生产力,农村出现了大量的剩余劳动力;同时,工业和城市的发展对劳动力的需求日益加大,形成了从农村涌向城市的巨大的民工流。高考的恢复及其后20年间高等和专科教育的大发展,每到节假日,成千上万的学生涌向铁路线,并与民工流、探亲流叠加。上述诸因素形成综合压力,使得中国铁路不堪重负。

现在40岁以上的中国人都应该还记得,那个年代的列车上是多么拥挤,车厢的过道上,车厢之间的连接处,甚至厕所里和座席底下,到处挤满了旅客,想要接一杯水或使用一下厕所,都

1994年,哈尔滨站,拥挤在车厢门口的乘客。(视觉中国)

1995年1月19日,北京开往重庆的火车上,车厢内非常拥挤,许多无座的乘客或站或蹲在车厢过道上。(视觉中国)

是很困难的事。在车站月台上,拥挤的车厢门口使人下不来上不去,经常可见旅客从车厢窗户爬进爬出,有时甚至不等客人挤上车去,列车就已开动。

购买火车票是件极其困难的事。每逢节假日,每个车站都能看到排队购票的长龙,有时竟然长达一两公里;在冬天,为了买到一张火车票,许多人不顾天寒地冻在站外的露天广场上彻夜排队,而且常常排到了购票窗口,被告知车票已售罄;在机关、学校和企业事业单位,甚至出现了专门提供购票服务的岗位;在社会上,以加价倒卖车票谋生的"黄牛党"屡禁不绝,进一步加剧了车票的紧张。

但是,改革开放政策实施以来的十几年间,也是中国铁路积累力量、蓄势待发的时期,历史进入21世纪,这种力量几乎是井喷式地爆发。1999年8月,连接河北秦皇岛与辽宁沈阳的秦沈客运专线开工,2003年10月投入运营,线路全长404公里,时速250公里。秦沈客运专线是中国第一条真正意义上的高速电气化铁路。

2006年7月,青海西宁至西藏拉萨全长1956公里的青藏铁路全线贯通运营。

2008年8月,北京至天津时速达350公里的高速铁路开通运营。

2008年4月,合肥至南京的合宁高铁开通运营。合宁高铁全长166公里,时速250公里,将合肥至南京的行车时间由原来的4小时缩短为45分钟;合肥到上海的车程由原来的7小时缩短为2.5小时。

2009年4月1日,安徽合肥至湖北武汉的高速铁路开通运营,线路全长356公里,时速200公里。同日,河北石家庄至山西太原的石太高速客运专线开通运营,正线全长190公里,时速250公里。

2009年12月,武汉至广州的高速铁路开通运营,线路全长1069公里,时速350公里。

2010年2月,连接河南郑州与陕西西安的郑西高铁正式开通运营,线路全长523公里,时速350公里。

2011年6月,北京至上海间的京沪高速铁路正式通车,线路全长1318公里,设计时速380公里,实际运营时速350公里。

2012年12月,北京至香港九龙的京九铁路全线完成电气化改造。这条铁路于1993年动工建设,1996年9月全线开通运营,线路全长2315公里,纵贯中国华北、华中、华东和华南地区。2001年3月至2003年1月间完成全线复线铺设。经过电气化改造的京九铁路运行时速在120~160公里之间,极大地提高了运力。

2014年，兰新高铁建成通车。兰新高铁连接甘肃省兰州市与新疆维吾尔自治区乌鲁木齐市，2009年11月开工建设，2014年12月26日全线开通运营，线路全长1776公里，时速250公里。

…………

在21世纪的第一个10年间，中国铁路新增了21800公里，达到90500公里；到2019年底，九年间又新增48500公里，中国铁路总里程近14万公里，其中高速铁路达3.5万公里。

铁路线在延伸，沿线装备的现代化、智能化水平也在不断提高。同时，铁路机车车辆现代化也取得了令人惊讶的进步。2004年"和谐"系列电力机车大量投入使用；2007年，CRH动车组列车投入运营，中国铁路进入高速牵引时代，中国成为世界上少数几个能够自主研制时速380公里动车组的国家；2017年5月25日，"复兴号"动车组在京沪高铁闪亮登场，它的营运时速达350公里！这一由中国独立研制、具有完全自主知识产权的高端装备，标志着中国铁路技术开始领跑世界。

以铁路装备整体现代化水平的提高为基础，中国铁路分别于1997年、1998年、2000年、2001年、2004年、2007年进行了六次大提速，干线铁路的行车时速从最高的140公里提高到250公里。10年期间6次提速，把中国带入了高铁时代。

2008年8月1日，C2275次高速列车12点35分从北京南站出发，120公里用时30分钟后抵达天津站，最高运营速度达到350公里。

2011年末，一年一度的春运即将开始，也是中国民众每年都要为购票难而发愁的日子。然而，临近春节时，民众突然发现，他们不必身心俱疲地到车站窗口彻夜排队购票，坐在家中通过互联网就可以订购全国各地的火车票。近些年来又发展到手机订票和付款，曾经的一大难事，现在轻轻动一下手指就可以满足订票、选座、点餐、预约接送站等一系列需求；再也见不到数百米、上千米的购票长龙了，一些地方的车站售票大厅倒显得有些冷清；机关、学校和企业事业单位提供购票服务的岗位消失了，屡打不绝的倒票"黄牛"们已经没有了市场……

20世纪后半期的中国铁路故事，不能绕过成昆铁路；21世纪的中国铁路故事肯定要提到宜万铁路，因为，其施工的艰险程度远超过成昆铁路；它是世界上最难修的铁路。

宜万铁路，东起湖北宜昌，向西经过湖北恩施，然后蜿蜒曲折向北达至重庆市万州区。1993年开始工程筹备，筹备期长达10年，2003年12月1日动工兴建，2010年12月22日开通运营。

宜万铁路跨越野三河。
（视觉中国）

宜万铁路穿行于鄂西和渝东山区，这里是中国喀斯特地貌最发育的地区之一，铁路经过之地，处处高山，步步深涧，悬崖陡峭，河谷深切，岩溶、滑坡、崩塌、突水突泥等恶劣地质现象广泛分布，复杂的地质结构和崎岖的地形地貌使得工程条件极为艰险，施工难度举世罕见。就是在这样的条件下，建设者们贡献了一条科技含量高、工程标准新的铁路。

宜万铁路长377公里，全线建有隧道159座，其中10公里以上的隧道5座，一些路段上的两个隧道之间的距离不到20米，不到一节客车车厢的长度；全线建有桥梁253座，桥梁加隧道之和长达288公里，占全线总长度的74%，为世界铁路之最；许多路段是桥连隧、隧连桥，全线的24座车站，有8座建在桥梁上或隧道中；宜万铁路线上的253座桥梁中，有5座桥梁的墩高超过100米，其中渡口河特大桥主墩高达128米，这是一幢40层摩天大楼的高度，为当时世界铁路桥梁最高的桥墩。

宜万铁路的建成，极大地提高了川渝地区的铁路运力，有效地解决了鄂西和渝东山区民众千百年来的出行难问题，为开发铁路沿线丰富的旅游资源提供了基础条件，为山区优质的农林产品走出大山提供了便利的通道，促进了区域的经济和社会发展。

21世纪的中国铁路故事，肯定也要提到举世闻名的青藏铁路。铁路东起青海省西宁市,西至西藏自治区首府拉萨市,线路全长1956公里。它是与西电东送、西气东输、南水北调并称的中国新世纪四大工程之一。

1951年5月,中国中央政府和西藏地方政府签订协议,西藏和平解放。和平解放前的西藏,在120多万平方公里的土地上,几乎没有交通设施;除了布达拉宫前面有约一公里的砂石路可以跑汽车,整个西藏没有公路,只有牦牛、骡马踩出的便道,陆路运输全靠人背畜驮;水上交通靠的是独木舟和牛皮船,过河只能靠溜索、简易木桥等。藏族群众延续着千百年来落后的生产方式,生活极其贫困。为了改善西藏的交通条件,新中国成立不久的1956年,中国政府就部署了青藏铁路的勘测设计工作,并于1958年开始了一期工程建设。

青藏铁路一期工程位于青海省境内,东起西宁市,西至格尔木市,全长814公里,历时26年的建设,1984年5月建成通车。

青藏铁路二期工程开工,已经是在一期工程结束17年之后。二期工程东起青海省格尔木市,西至西藏自治区拉萨市,2001年6月29日开工,2006年7月1日通车,从格尔木至拉萨的铁路长1142公里。至此,全长1956公里的青藏铁路全线贯通,从拉萨至北京、上海、广州、成都、兰州、西宁等地的列车也随即开通。

青藏铁路列车经过美丽的措那湖。(视觉中国)

2006年7月1日,在位于青海境内的沱沱河畔的唐古拉镇,当地藏族群众载歌载舞欢迎从格尔木出发驶来的"青1"次列车。(新华社)

青藏铁路列车运行在念青唐古拉山脚下。(视觉中国)

青藏铁路途经浩瀚的青海湖、巍峨的昆仑山、无人烟的可可西里、"中华水塔"三江源、美丽的藏北草原，沿途江河湖泊、雪山草原、戈壁荒漠、沼泽湿地、成群的牛羊和浓郁的民族风情，一路风光使你目不暇接。

在青藏铁路乘坐列车，你也将经历一次世界纪录之旅：你将飞驰在世界最长的高原铁路上；你将飞驰在海拔最高的铁路上，绝大部分路段在海拔4000米以上，最高点达海拔5072米；你将经过地球上最高的火车站——海拔5068米的唐古拉山车站；你将穿过世界海拔最高的冻土隧道——海拔4905米的风火山隧道；你还将穿过世界最长的高原冻土隧道——长达1686米的昆仑山隧道。最后，或许最能触动你的是，你将看到世界铁路工程史上最严格的环境保护措施——为保障藏羚羊等野生动物自由迁徙，铁路沿线建有33个野生动物专用通道；施工中的任何废物都必须经过严格的环保处理；施工中任何一点被损坏的植被都必须原样恢复；无论地面还是列车上，必须"污物零排放"……青藏铁路是名副其实的"环保铁路"。2013年9月在西班牙巴塞罗那举行的国际咨询工程师联合会百年庆典上，青藏铁路荣获"百年工程项目优秀奖"。

青藏铁路的建成，转瞬间把西藏带入了铁路时代，迅速地改变着青藏高原贫困落后的面貌，有力地推动各民族的团结进步和共同繁荣。在二期工程开工的2001年，曲作家印青和词作家屈塬来到施工现场采风。西藏人民把这条期盼已久的铁路敬称为"天路"，启发了作者的灵感，一首名为《天路》的歌曲被创作出来，一经歌唱家韩红首唱就迅速传遍中国大江南北……

    清晨我站在青青的牧场
    看到神鹰披着那霞光
    像一片祥云飞过蓝天
    为藏家儿女带来吉祥

    黄昏我站在高高的山岗
    看那铁路修到我家乡
    一条条巨龙翻山越岭
    为雪域高原送来安康
    那是一条神奇的天路
    把祖国的温暖送到边疆
    从此山不再高路不再漫长
    各族儿女欢聚一堂

黄昏我站在高高的山岗
看那铁路修到我家乡
一条条巨龙翻山越岭
为雪域高原送来安康
那是一条神奇的天路
带我们走进人间天堂
青稞酒酥油茶会更加香甜
幸福的歌声传遍四方
…………

这歌声在中华大地上已经飘荡了近20载,它今天依然是唱给中国铁路和铁路人的最美的歌。

从北京出发沿京张铁路北行约65公里,即可抵达詹天佑先生于1908年建成的青龙桥车站,车站里矗立着先生的铜像。2019年恰好是詹天佑先生逝世百年。先生站在高高的基座上,一直注视着他亲手建造的"人"字形铁路,也在注视着一百年来中华民族走过的屈辱、苦难、抗争、获得独立、走向富强的曲折历程。

先生应该特别欣喜于中国铁路建设的最新发展。1964年,

詹天佑之像。(视觉中国)

世界上第一条真正意义上的高速铁路在日本建成,时速达到210公里。随后法国、意大利、德国、西班牙、比利时、荷兰、瑞典、英国等西方发达国家,从1964年至21世纪初的40年间,先后三次兴起高速铁路建设热潮,建成了高速铁路网。而直到2004年,中国民众还极少有人听说过高铁。仅仅十几年之后,中国高铁弯道超车,通车里程达3.5万公里,超过世界高铁总里程的三分之二;中国拥有完全知识产权的"复兴号"高速列车商业运营时速达350公里,世界最高。

施工中的"天佑号"盾构机。(视觉中国)

2016年4月29日,北京至张家口的一条新铁路——京张高铁开工建设,在天佑先生逝世百周年的2019年的最后一天建成通车。参加地下隧道施工的现代化大型盾构机被命名为"天佑号"。盾构机总长度142米,整机重量3500吨,开挖直径12.64米。注视着这一现代化的巨无霸,天佑先生也许会想起111年前他率领筑路工人用简陋的手工工具艰难劳作的情形,他会为"国家富强不受外侮,足以自立于地球之上"这一天的到来感到无限欣慰……

CR400BF-C型"复兴号"智能动车组驶出京张高铁"新八达岭隧道",高速驶向张家口站方向。(视觉中国)

后 记

本丛书由教育部人文社科重点研究基地山东大学当代社会主义研究所牵头，联合山东大学人文社会科学青岛研究院组织编写。主要参编人员如下：山东大学当代社会主义研究所金淑霞、山东大学管理学院周琳、山东大学马克思主义学院常辉、中共山东省委党校（山东行政学院）公共管理教研部王非、山东社会科学院马克思主义研究中心赵彩燕、中国矿业大学马克思主义学院郭雷庆。

在选题策划、文本写作、配图插画等主要环节上，山东文艺出版社领导提出了宝贵的指导意见，第二编辑室主任冯晖女士和编辑房洪民先生为丛书的出版付出了不少心力；山东大学政治学与公共管理学院部分博士、硕士研究生参与了前期的资料搜集和整理工作。我们向所有为本丛书问世提供帮助的人表示感谢。

中国有许多好故事，但要讲好却绝非易事，而要讲全则根本不可能。我们在一路风景中定格了几个片段，试图以滴水折射阳光。我们的努力能否如愿，留待读者评判。

作者

2021年1月

图书在版编目（CIP）数据

这就是中国. 行/王非，金淑霞著. ——济南：山东文艺出版社，2021.3
ISBN 978-7-5329-6043-9

Ⅰ.①这… Ⅱ.①王… ②金… Ⅲ.①社会主义建设成就－中国 ②交通运输发展－概况－中国 Ⅳ.①D619 ②F512.3

中国版本图书馆CIP数据核字(2020)第013889号

这就是中国·行

王非 金淑霞 著

主管单位	山东出版传媒股份有限公司
出版发行	山东文艺出版社
社　　址	山东省济南市英雄山路189号
邮　　编	250002
网　　址	www.sdwypress.com

读者服务　0531-82098776（总编室）
　　　　　0531-82098775（市场营销部）

电子邮箱　sdwy@sdpress.com.cn

印　刷	山东临沂新华印刷物流集团有限责任公司
开　本	890毫米×1240毫米　1/32
印　张	5.75
字　数	100千
版　次	2021年3月第1版
印　次	2021年3月第1次印刷
书　号	ISBN 978-7-5329-6043-9
定　价	39.00元

版权专有，侵权必究。如有图书质量问题，请与出版社联系调换。